ゼロから学べる
小学校社会科授業づくり

吉水 裕也 監修　佐藤 正寿　長瀬 拓也 編著

明治図書

巻頭言

❶ 社会科は世の中を生きぬくための知恵を育む教科

　社会科がよくできる子ってどんな子どもでしょうか。それをどうやったら測ることができるでしょうか。たくさんの用語を知っているかどうか。クイズ番組でたくさん答えられるかどうか。個別の知識獲得状況も社会科学力の一側面でしょう。しかし，それだけでは社会科がよくできるかどうかを測ったことにはなりません。

　社会科は世の中を生きぬくための知恵を育む教科です。世の中を生きぬくためには，世の中のしくみを読み解いたり，先を見通したりする知恵をもっていないといけません。社会科を学習するとそんな知恵がつくということがわかれば，子どもは社会科を大切な教科だと思うはずです。

　この知恵は，個別の細かい知識をつけることだけで育まれるのではありません。世の中のしくみや先を見通すことができるような装置を頭の中につくる必要があります。でなければ先を見通すことはできないのです。ではそのような装置を頭の中につくるにはどうすればよいか。それは「なぜそうなっているのか」を考えることの積み重ねです。

❷ 問いの分解や立て直しの過程で問いが構造化されていく

　学生や若い先生に「初恋という言葉を使って一つの疑問文を作ってください」と投げかけることがよくあります。すると「あなたの初恋はいつでしたか？」「初恋の相手は誰でしたか？」「初恋の味は何味でしたか？」「初恋ってなぜ成就しない

のですか？」といった問いが出てきます。これを，本書にも出てくる５Ｗ１Ｈを意識しながら整理してみましょう。

「初恋ってなぜ成就しないのですか？」という問いをとりあげると，「相手が釣り合ってないからじゃない？」「だって初恋をするって子どもの頃でしょ？」など様々な予想が出されます。そこで再度問いかけます。「初恋が子どもの頃だったことを証明するにはどうすればよい？」即座に「みんなに初恋がいつだったか聞いて調べればよい」と返ってきます。その通りです。調べましょう，「あなたの初恋はいつでしたか？」と。

「なぜ」という疑問を解こうとすると，「いつ？」「誰？」「どこ？」「何？」「どのように？」といった問いを，出てきた予想に対応させながら解いていく必要が生じます。**「なぜ」という問いを解こうとしても直接は解けない。解くためには，問いを分解したり立て直したりしながら，いくつもの問いの答えを総合しなければならないのです。**

社会科では，「なぜそうなっているのか」という大きな問いを立て，さらに大きな問いを解くための小さな問いを設定しながら世の中のしくみについて迫っていくのです。小学校では何時間もかけてその問いを追究していくことがあります。場合によっては，最初に立てた「なぜ」という問いすら立て直して，社会のしくみに迫るのです。すると，「なぜ」を解こうとすると，「なぜ」以外の複数の問いを解く必要があることがわかってきます。このように問い自体が関連し合っていて一つのセットになること，そしてその頂点にある問いを解くことが世の中を生きぬいていく知恵を育むことにつながるのだと理解すれば，社会科の授業のつくり方が少し見えてくるのではないでしょうか。

❸ 若手かつ社会科の授業づくりを初めて学ぶ先生に向けた本

　本書は，社会科の授業がうまくなりたい，社会科の授業づくりを初めてきちんと勉強する，教員採用試験に合格した！といった，若手かつ社会科の授業づくりを初めて学ぶ先生に向けた本です。ですので，教員としての基礎的な姿勢や一時間単位の授業づくりにどのように取り組んでいけばよいのかという基礎的なことを中心的な内容としています。編著者である佐藤正寿先生・長瀬拓也先生たちが，若い先生に向けて本書の構成や内容を考えられたのです。

　すでに何年かの教員生活をしている方なら，自分のクラスや目の前の子どもの様子から，具体的に学ばなければならないことがわかっていらっしゃるかもしれません。これから教員になるという方なら，何を学べばよいのだろう？という漠然とした問いしかもっていないかもしれません。本書を読みながら，今もっている問題意識や問いに，目の前にいる子どもたちの実態を重ねてみましょう。さらに社会科を学んだ成果が現れた理想の児童像を描いて，本書の内容がどのように使えるか考えてみてください。そうすれば，何を学べばよいのだろう？という問いが，少し具体的なものになりませんか。

　問いをもちながら読む，読むことによって問いを立て直すことができる。本書を読み進めながら，こんな体験ができればいいですね。そうすればきっと意味のある社会科授業づくりにつながります。

兵庫教育大学大学院教授　吉水裕也

はじめに

　本書の大きな目的は，
「社会科が大好きな先生を一人でも多く増やすこと」 です。
　ベネッセなどの調査によると，社会科の人気はあまり高いものではありません。古くから，暗記科目と言われたり，逆に体験だけでは身につかないと言われたりしてきました。さらに，算数科のように決められた答えが明確に出ません。
　社会科の授業をどのようにつくっていくかについて，苦しんだり悩んだりしている先生によく出会うことがあります。また，社会科を専門とする先生であっても話しすぎてしまうことを課題にあげることがあります。現在，小学校での校内研究は算数や国語が主流です。社会科を専門としていなければ，社会科の授業を研究することは国語や算数と比べて多くはありません。
　しかし，社会科は学習指導要領などに書かれているように，将来，社会人や市民として社会をつくっていく人を育てるための大切な教科です。覚えるだけにとどまらず，多くの人やモノとの出会いを通じて，社会に関心をもち，参画するための教科です。社会科が大好きな子を育てることは，社会に関わりをもち，参画していける子を育てることでもあるのです。

　そこで，本書は，
・**社会科が専門や得意ではない先生方のために**
・**先生方に社会科をもっと好きになってもらうために**

・**多くの若い先生方に社会科のプロを目指してもらうために**

今までの実践をもとに社会科授業づくりをゼロから学ぶという視点に立って提案したいと考えています。

　本書のために，監修の兵庫教育大学の吉水裕也先生，岩手県の佐藤正寿先生をはじめ，社会科の実践者の方に集まっていただき，執筆していただきました。執筆者に共通することは，「社会科が大好き」だということです。
　ぜひ，若い先生のみならず，多くのみなさんに読んでいただき，社会科好きの先生が一人でも多く増えればと思います。
　一緒に社会科について楽しく学んでいきましょう。

長瀬拓也

目　次

巻頭言　3
はじめに　6

第1章
楽しい社会科授業をつくろう

社会科で大切にしたいこと　16
授業づくりのベースに子ども理解を　20

【授業びらき】
授業びらきは「なぜ学ぶの？」から始める　22
子どもを"その気"にさせる授業びらきのコツ　24
子どもが喜ぶ授業びらきの面白アイデア　3年　26
子どもが喜ぶ授業びらきの面白アイデア　4年　27
子どもが喜ぶ授業びらきの面白アイデア　5年　28
子どもが喜ぶ授業びらきの面白アイデア　6年　30

【単元計画】
単元をつくるときに考えておかなければならないこと　32
単元づくりで大切にしたいこと　3・4年　34
単元づくりで大切にしたいこと　5年　36
単元づくりで大切にしたいこと　6年　38
総合的な学習の時間や
生活科との関わりで大切にしたいこと　40

目　次

【授業の進め方】

活動時間の保障を大切にする　42

授業の進め方のポイント　3・4年　44

授業の進め方のポイント　5年　46

授業の進め方のポイント　6年　48

導入・学習問題ではやる気のスイッチをオンにする教材準備を　50

導入や学習問題づくりのアイデア　52

資料の読み取りのポイントは「全体」「部分」「理由」に着目する　54

グループ活動で大切にしたい3つのポイント　56

話し合い活動は場の設定によって効果が高まる　58

学習用語を身につけるための工夫　60

「書く」活動を行うときのポイント　62

まとめ・振り返りの時間に大切にしたいこと　64

子どもが喜ぶ振り返りの面白アイデア　66

社会科こそ学級づくりを大切に　68

第2章
社会科授業力を高めるポイント

【教材研究】

教材研究で大切にしたい3つのポイント　74

教科書を教材研究する3つのポイント　76

人物を教材研究する2つのポイント　78

【教材開発】

教材開発で大切にしたい４つのポイント 80
子どもを惹きつける教材開発のコツ 82
地域を生かす教材開発のコツ 84

【発問】

子どもの学習参加意欲を高める
発問のつくり方＆考え方 86
子どもの思考を深める発問のアイデア ３・４年 88
子どもの思考を深める発問のアイデア ５年 90
子どもの思考を深める発問のアイデア ６年 92

【ノート・ワークシート指導】

ノート指導は基本を大切に 94
ノート指導で大切にしたいこと ３・４年 96
ノート指導で大切にしたいこと ５年 98
ノート指導で大切にしたいこと ６年 100
ワークシート・プリントづくりで大切にすること 102

【板書】

板書づくりではノートへのつながりを意識して 104
板書では課題とまとめを一致させる 106

【資料の扱い方】

教科書・副読本で学び方を学ぶ 108
地図帳・資料集は使わせ方を意識する 110

映像・動画はねらいをしぼって用いる 112
自作資料はシンプルさが肝心 114
ICT機器の扱い方では適切な活用法を教える 116

【見学・調べ学習】
地域探検は事前指導がポイント 118
調べ学習が成功する３つのポイント 120
具体的な指導が効果的な学校図書館使用につながる 122
ICTを使った調べ学習のポイント 124
社会見学は子どもの力を引き出すきっかけとして 126
社会見学を記録する力は日常授業から 128

【評価】
知識を習得する４つのアイデア 130
基本的な評価の方法とテスト問題のつくり方 132

【研修・研究授業】
授業参観における見る視点 134
目的意識のある指導案の書き方 136
研究授業当日までにしておきたいこと 138
研究授業当日の取り組み方 140
研究実践は形に残そう 142

第3章
アイデア満載！ 社会科授業づくりのアラカルト

　　アクティブ・ラーニングの授業づくり　148
　　ハテナノートで見る目を鍛える　150
　　授業のユニバーサルデザインを取り入れる　152
　　単元のまとめは新聞づくりで　154
　　レポート作成は繰り返しを重ねて　156
　　劇＆ロールプレイで学びを深める　158
　　ディベート学習のよさを実感させる仕掛けづくり　160
　　明確な目的に基づいて行うクイズ＆ゲーム　162
　　授業を活性化させる教科係　164
　　事前・事後指導の徹底でゲストティーチャーを生かす　166
　　ICT・タブレットはねらいに応じて効果的な活用を　168

おわりに　170

参考文献　172

監修者・執筆者一覧　174

第1章
楽しい社会科授業をつくろう

　第1章は**明日から社会科の授業が楽しくできるようにすること**を目標に書かれています。

　そのために，第1章は，
- **授業びらき**
- **単元計画**
- **授業の進め方**

の3つの視点からまとめました。

　まず，子どもたちに「今年の社会科は何だか楽しいなあ」「がんばりたいなあ」と意欲づけができるようにするための授業びらきのアイデアを提案しています。

　そのうえで，毎日次の日の授業準備に追われないように，単元計画や一単位時間の授業の進め方を紹介しています。これは，単元計画をつくり，全体を見据えながら授業をつなげていくことで，慌てず，短い時間で準備ができるようにするためです。また，一単位時間の授業の進め方を，ポイントをもって決めておくことで，授業が安定します。さらに，安定した授業を少しずつ子どもたちの実態に合わせて変化させることで，より楽しい授業をつくり出していくことができます。

　若い先生や社会科の苦手な先生，まず社会科を始めようと思う先生にはぜひ読んでほしいと思っています。

社会科で大切にしたいこと

　社会科は子どもたちにとって身近な教科です。
　子どもたちが通っている学校には，水道や消防施設があります。一歩街に出ると商店街や石碑があります。家に帰ってテレビを見ると，世界各地のニュースが報道されていたり，「自動車工場の秘密」といった番組があったりします。
　これらはすべて社会科の授業内容に関わることです。
　つまり，社会科は子どもたちの今の生活と大きく関わりがあります。
　それだけではありません。今後，子どもたちは「未来の社会」を生きぬかねばなりません。そのためには未来を生きぬく力が必要で，社会科の学びがそれを支えるのです。つまり，その点では，子どもたちの未来に関わる大事な教科ともいえます。
　そのような社会科授業では，どのようなことを大切にしたらよいのでしょうか。

❶　基礎的な知識を身につける

　基礎的な知識とはたとえば，次のようなことです。

・スーパーマーケットの特徴
・交通安全施設の種類
・47都道府県名とその位置
・日本の水産業の特徴

・主な歴史人物と出来事
・日本国憲法の三大原則

　これらは子どもたちが社会生活をするうえでの基礎となる知識であり，また日本人として身につけておくべき知識です。
　ただ，「必要だから暗記しましょう」といって，知識が身につくものではありません。授業の中で学習内容に興味をもち，自ら調べて自然に覚えることが理想です。
　このような基礎的な知識の蓄積が，まずは社会科の学習の土台となります。

❷ 資料の読み取り方を知る

　社会科では数多くの種類の資料が出てきます。
　絵図，地図，写真，グラフ，表，年表等々。教科書でも高学年であれば1時間に6種類以上の資料が出てくる場合があります。さらに，教科書の他に地域や県の副読本や地図帳，市販の資料集を活用する機会も多いものです。
　子どもたちが社会科嫌いとなる理由の一つが，このような資料の多さです。
　そこで，どの子にも習得させたいのが「資料の読み取り方」です。たとえば折れ線グラフであれば，「題」「出典」「縦軸」「横軸」といった基礎項目を段階的に確認したあとに，「急激に減っている」といったような全体の傾向を読み取らせます。
　いきなり「気づいたこと」を発表させるのは，子どもたちにとってハードルが高いものです。
　このような読み取り方は，資料によって異なります。中学年

の段階から，読み取り方法を具体的に教えていくことがポイントとなります。

❸ 「見学」や「人」から学ぶ

社会科の特徴として，見学が多いことがあげられます。

まち探検，スーパーマーケットの見学，おかし工場の見学，まちの交通安全施設調べ……というように中学年では，校外での調べ活動が数多く行われます。

高学年でも，学校によって，農家への聞き取り，自動車工場見学，史跡見学をする学校も多いことでしょう。

そこでは同時に「働いている人」から学ぶことになります。

そこでの学び方も大切です。

○何を聞き取り，見学するのか。
○どのような質問をするのか。
○インタビューや記録のしかたはどのようにするのか。

このような事前の準備があってこそ，「見学」や「人」からの学びも深まります。

❹ 社会的なものの見方・考え方を深める

社会科の場合，単元ごとの学習の到達点は，「その学習内容について，社会的なものの見方・考え方が深まった」という点にあります。

たとえば，中学年の「ごみの学習」で，「今まで気づかなかったごみについての知識が増え，見方も深まり，自分なりにご

みについて考え方をもつようになった」……これが一つの深まり方です。

これらは「一つの社会について見えなかったものが見えてくる」という経験です。

そのためには，先の見方・考え方を深める学習問題や発問が大切になってきます。

❺ 子どもたちの課題発見力と追究力を育てる

社会科は子どもたちの課題発見力を育てやすい教科です。

一枚の写真と教師の発問から「なぜだろう」「どうしてだろう」という課題を見つけ，それを意欲的に追究する……限られた授業時間ではありますが，追究が深まれば深まるほど，社会科授業の醍醐味を味わうことができます。

これらの5つの観点は，子どもたちに社会科の力をつけるためには不可欠のものです。これらをもとに，今の社会や未来社会を知ったり，考えたりしていきましょう。

(佐藤正寿)

授業づくりのベースに
子ども理解を

　授業づくりにおいて一番大切なことは,
子ども理解
であると考えています。
　5年生の工業生産についての学習を例にあげて考えてみましょう。
　工業生産について教材研究をするとき,まず,子どもたちは工業生産についてどんなことを知っているのかを考えます。塾ですでに言葉だけは知っている子もいれば,自動車工場で働いている家庭でこの単元をひそかに心待ちにしている子もいます。中には,工業についてピンとこない子もいるかもしれません。
　そこで,場合によってはアンケートをしたり,単元のはじめに子どもたちに「工業で知っていることはどんなことかな」と聞いたりすることもあります。
　そのうえで,「A子さんはこんなことを知っているな。B男君は工業について意欲的に考えているな」というように社会科の学習内容に対する一人ひとりの考えのよさや学ぶべきポイントや課題を考えていきます。
　このように,学習者である子どもたちの実態や課題,よさを理解しながら授業を組み立てていくことが,子どもたちの心に響く楽しい授業につながっていきます。
　もちろん,こうしたことは最初からうまくいきません。授業の進みが遅くなると心配する方もいるかもしれません。

しかし，大切なことは何よりも一人ひとりの子どもたちに力をつけることです。そこで，大変だけれども，子どもたち一人ひとりのよさや課題はどんなところなのかを常に意識しながら授業をすることが必要です。それが，教師の力量を大きく高めることにつながります。

　そのためにおすすめしたいのが

子どものよさをメモする

という実践です。

　とにかく，些細なことやどんな小さなことでも，よいことをしたらメモをするのです。

　また，同じように

子どもの興味・関心に常にアンテナをはる

ということも必要です。

　教材研究や地域教材の開発をするとき，子どもたちとつながりがある地域や遊び，行事，普段の生活など，どんなことでもよいのでつながりを考えていきます。

　社会科では，よくネタという言葉を使います。しかし，授業のネタはそのまま使えばよいというわけではありません。授業の中で，目の前の子どもたちにとってタイムリーであると同時に，子どもたちが興味を示し，意欲的に学ぶものかどうか「吟味」することが大切です。

　「この教材は子どもたちの心にどのように響くのかな」

といつもそんなことを考えながら，教材研究や授業づくりをしていきます。

（長瀬拓也）

授業びらき

授業びらきは「なぜ学ぶの？」から始める

　なぜ，社会科を学ぶのでしょうか。
　そんなことを聞かれたらどんなふうに答えますか。
　社会科の授業びらきをするとき，私は子どもたちに必ず，「社会科はなぜ学ぶのか」と聞くようにしています。
　私は，「なぜ，社会科を学ぶのか」という意識をもち続けて学ぶことは，学習意欲や自己肯定感を高めることにつながると考えています。
　特に，「なぜ学ぶか」を考えることで，暗記科目という意識から社会に生かす科目という意識に変えることができます。
　中学校で社会科教員として勤務していたとき，授業びらきで子どもたちにこのことを問うと，次のような答えが出てきました。

・日本人として　　・地域を知る　・文化を知る
・地図が読める　　・昔のことを知る　・就職
・悪いことを繰り返さない　・世の中を変える
・日本，世界を知る　・何をしたのか
・なぜしたか　　　など

　このとき，私は，子どもたちの言葉を拾いながら，１年間，社会科で学んでほしいキーワードとして，

第1章　楽しい社会科授業をつくろう

・「考」を大切にしよう
・温故知新の気持ちを大切にしよう
・未来をつくる市民としての資質を身につけよう

と話をしました。特に，「世の中を変える」という言葉に着目して，「未来をつくる市民としての資質を身につけよう」という意味として「公民的資質」の言葉を紹介しました。

　中学校と小学校の発達段階は多少異なるため，まったく同じように進めることはできません。
　しかし，一人ひとりに「なぜ，社会科を学ぶのか書いてみよう」と言ってミニ作文を書かせてみたり，社会科を学ぶとどんなよいところがあるかを考えさせたりします。小学校３年生であれば，「生活科じゃなくて，社会科と理科になったけど，なぜだと思う」と聞いてもよいでしょう。子どもたちは，私たちが思っている以上によく考えていることがわかります。

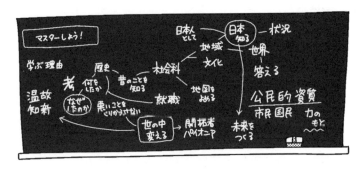

（長瀬拓也）

授業びらき

子どもを"その気"にさせる授業びらきのコツ

　授業びらきでは,「社会って面白い!」「次の社会の時間が楽しみだな!」と子どもたちに実感させることがポイントです。

❶ 「面白クイズ」で興味を引き出す

　「知っているようで実は知らなかった」というようなクイズを出すと,子どもたちは一気に社会科に興味をもちます。学年の学習内容に関わるものです。

　○ **5年向けの面白クイズ**

　　日本の一番北にあるのは北海道。では一番南は?

　　①東京都　②鹿児島県　③沖縄県

　　(沖ノ鳥島のある東京都が正解)

　○ **6年向けの面白クイズ**

　　私は誰でしょう。誰でも見たことがある顔です。

　　ヒント1 「福島県の出身です」

　　ヒント2 「黄熱病の研究をしました」

　　ヒント3 「『千円』に関係があります」

　クイズのあとは,関連する教科書のページを開き,簡単な説明をすることで,さらに興味を高めます。

❷ 教科書の表紙から学習内容を意識させる

　どの教科書にもカラフルな表紙があります。そこには,「その学年で学習する内容に関わる写真・絵」と「学習する子ども

たちの写真」が掲載されていることが多いものです。

> ○これは何の写真（絵）ですか。
> ○気づいたこと，思ったことを発表しましょう。
> ○この学習は教科書では何ページにありますか。
> 　（目次に注目させる）
> ○子どもたちは何をしているのでしょうか。

　このような発問をしながら，その学年の学習内容や学習方法に興味をもたせていくのです。
　そして，「消防署の人々は，目次にあるとおり安全なまちづくりのために働いています。4年生はこの『まちづくり』の学習をしていきます」というように，中心となるキーワードも教えます。
　これは，学習技能の一つである「気づいたことを話し合うこと」や「教科書を隅々まで見ること」の大切さも教えることにもなります。

❸　見学できることへの期待感を高める

　社会科見学は子どもたちにとって大きな魅力です。
　一年間で見学に行く場所の写真を何枚か用意します。3年生であれば学区やスーパーマーケット，4年生なら警察・消防署・清掃工場・ダム等です。「どこの写真でしょう」「知っていることは」と問いかけながら，「みなさんが知らないからこの勉強をするのです。そして，見学にも行きます！」と言うと，「ヤッター！」と一気に盛り上がります。

（佐藤正寿）

授業びらき

子どもが喜ぶ授業びらきの面白アイデア　3年

「ここはどこ？　写真クイズ」

　事前に学習に関係のある以下の写真を何枚か準備します。多くの子どもたちが知っているものを選びます。

・学区の公園・公共施設・有名なもの
・学区で有名なスーパーマーケット（複数）
・見学をする工場とその商品

　それらを大型テレビに拡大投影して提示します。

　子どもたちは「知っている！　知っている！」と興奮気味に反応します。「どこでしょう」と聞くと，「○○スーパーです」「毎週行っています」といった発表が続きます。また，「知らない」という反応も出てきます。

　「では，このスーパーマーケットはどちらの方角にあるでしょうか？」と聞くと，子どもたちは「どっちかな？」とあちこちを指差します。

　ここで大切なのは，「何の写真か」「どこの方角か」，**教師が答えをあえて言わないようにする**ことです。

　「写真の場所がわからなかった人もいるようです。まだまだわからないことが多いみたいですね。3年生の社会では，これらを見学して学習します」と話して授業を終えます。「見学したい」「今日の帰りに確かめよう」と思わせることがポイントです。

（佐藤正寿）

授業びらき

子どもが喜ぶ授業びらきの面白アイデア

4年

「地図帳と仲良くなろう」

4年生で配布される地図帳に子どもたちは興味津々です。その意欲を生かした授業びらきです。

都道府県名が書かれている日本地図のページを開いて、次々とクイズ形式で聞いていきます。

○聞いたことのある都道府県は？
○「山」が入っている都道府県は？（同様に「川」「島」も）
○動物名が入っている都道府県は？
○日本で一番面積が大きい都道府県は？　一番小さい都道府県は？

子どもたちは「あった！」と喜んで発表していきます。最後の「面積が一番小さい都道府県」の問題はいくつかの答えが出てきます。「どこを調べたらわかるでしょう」と聞き、地図帳の資料編に誘います。

「今日のように何回も開くと『地図帳と仲良し』になれます。一人でも開いてみましょう」と話して終えます。興味をもった子たちは自主学習をするようになります。

（佐藤正寿）

授業びらき

子どもが喜ぶ授業びらきの面白アイデア　5年

　5年生の学習の特徴として，学習の範囲が今まで自分たちの住む市や県だったのが，日本や世界に広がっていきます。
　そのため，覚えることも増え，それが社会科嫌いにつながる場合もあります。
　そこで，授業びらきでは，日本や世界，農業や工業というように学ぶ世界の広がる楽しさを知る機会にしていきましょう。
「一年間，社会科をがんばっていきたいな」
と思える時間にしたいものです。

❶ 定番「5円玉」の授業

　様々な書籍に載っている「5円玉」を使った授業です。たとえば，次のような形で進めていきます。

「5年生は『なんで？』『何？』を見つけることがとっても大切だよ。今日は，これから学びます」
と言っておもむろに5円玉を取り出します。
「あ！　5円玉」というささやきが聞こえてきます。
「そうだねぇ。5円玉には，実は，5年生で学ぶものがたくさん出てきます。じゃあ，探してみよう」
と指示し，一人ひとりに5円玉を渡し，5円玉に描かれているものを探していきます。（5円玉には農業や水産業，工業に関わるものが多くのっています）

第1章　楽しい社会科授業をつくろう

子どもたちの「何だろう」「なぜだろう」という思いを出させるために，
「5円玉にある芽が出ているものは何を表しているのかな」
と最後にたずね，あえて次の時間までの課題として答えないようにすることもよいでしょう。

　参考：田山修三『若い教師を育てる五円玉の授業』（小学館）

❷　「○業」探しゲーム

❶と関連して，農業や工業などの産業について学ぶことを知る授業の導入があります。

黒板に○業とおもむろに書いて，あてはまる言葉を書いていきます。

　農業
　水産業
　工業
　サービス業

など，5年生で学ぶものがたくさん出てきます。そのあとに，「業」の意味を考えさせてもよいでしょう。

❸　国旗，この国はどこでしょう

5年生の最初の単元は世界の国々に関わる内容です。そこで，国旗を見せながら，どの国かを考えるようにします。クイズ形式で答えていき，世界地図に印をつけていってもよいでしょう。

以下のサイトを参考にするとよいです。

　参考：静岡教育サークル「シリウス」
　　　　http://homepage1.nifty.com/moritake/

（長瀬拓也）

授業びらき

子どもが喜ぶ授業びらきの
面白アイデア　　6年

　歴史学習の始まりです。子どもたちは過去3年間，社会科の授業に対して，様々な印象があり，イメージがあります。そこで，6年生の社会科の授業びらきは，以下のアイデアを提案します。

❶　子どもたちが知っている人・もの・こと

　まず，歴史上の知っている**人**を訊き，板書していきます。共通理解していきます。知らなくて当然，知っているときは「よく知っているね」と声をかけましょう。さらに「どんな人だったの？」と訊くと，盛り上がります。

　続いて，日本には歴史的なものにどんな**もの**があるのかを訊きます。子どもたちからは，寺や城，神社などの名が出てきます。「どこにあるの？」「どんな歴史がありますか？」「どうして，知っているのですか？」など，少し踏み込んだ質問を子どもたちに投げかけると盛り上がってきます。

　最後に，日本の歴史でどんな**こと**が起こってきたのかを訊きます。（戦争が一番にあがることが多いです。また，オリンピックや新幹線など歴史的な背景を色濃く示す具体建造物などもあげられてきます）

　子どもたちがどんなことに興味を示し，何を知っていて，歴史に関して，どう思っているのかなどをリサーチする意味でも，よい授業になっていきます。

第1章 楽しい社会科授業をつくろう

② インパクトを与え，楽しい授業が始まる期待感を

次に，インパクトを与える意味では，教師のパフォーマンスがあげられます。歴史人物に扮して入室すると，大変盛り上がり，子どもたちは喜びます。また，活動を取り入れるのであれば，写真からスリーヒントで答える歴史クイズや歴史人物伝言ゲームなども楽しく授業が進められるでしょう。

③ 本物にこだわる

最後に，歴史学習というのは，子どもたちとその社会的事象との距離であり，時間をいかに縮めるかが重要なポイントとなります。そのために，眼前に本物であれ，レプリカであれ，歴史に関わるものを準備し，子どもたちに提示します。見て，嗅いで，触って，音を聞いて，体感することで学習効果の高い授業が実践できます。

（中條佳記）

▲サヌカイトでできた打製石器

▲金印のレプリカ

単元計画

単元をつくるときに考えておかなければならないこと

　未来社会に生きる子どもたちに必要な能力について新しい提言が次々と出されています。私たちは，日々目の前の子どもと向き合って教材研究をしたり，指導法について学んだりするとともに，これからの教育の本流が何であるかについても，常にアンテナをはり巡らしておく必要があります。

　社会科における単元計画でもこの点に留意する必要があります。つまり，暗記した知識を再生する力ではなく，『どのように学ぶか』という，学びの質や深まりを重視する学習＝課題の発見と解決に向けて主体的・協働的に学ぶ学習＝を重視して考えなければなりません。

　さて，では単元をつくるときに考えておきたいことは，どんなことになるのでしょうか。

❶　見通す

　単元をつくるとき，まず考えなければならないのは，見通すということです。

　見通す内容はというと，

○**単元，小単元，１時間の授業のつながりを見通す。**

○**単元のゴールを見通す。**

まず，この２つを押さえることが大切です。

　単元計画の際には，これもやりたい，あれもやりたいとどう

しても多くの範囲に手が伸びがちですが，単元の目標は絞り込まなければなりません。そして，クラスの実態に応じて，子どもたちが「最終的にここまで追究し，こんなことを学び合うんだな」と，学びのゴールをイメージできるようにすることで統一性のある単元の学びにつながっていきます。

❷ 導入の教材（ネタ）を吟味する

単元を，子どもたちが主体となって仲間とともに協働的に学ぶ構成にしていくためには，単元の導入の授業が重要になります。

導入の授業では，これまでもっている子どもたちの知識をゆさぶるような資料を提示し，そこから？（ハテナ）や追究したいテーマを出し合い，集約していくことで，その単元に対する子どもたちの関心・意欲は劇的に高まります。教師は，子どもたちの意見を上手に取り上げながら，事前に教材研究した方向に導き，その単元のゴールがイメージできるようにします。

また，導入に関しては，単元・小単元・１時間の授業で連携した導入ネタを準備しておくと，より系統立った学びになり，おすすめです。

ただ，これからのスパイラル型の授業では，前時の授業によって，次時の授業が事前の計画と違う方向に進むことも予想されます。その点も考慮し，単元計画は余裕をもって設計するとよいでしょう。そのためには教師自身が実体験を通して取材し，知的好奇心を高めながら幅広い教材研究を（楽しく）続けることが大切です。

（城　恵市）

単元計画

単元づくりで大切にしたいこと
3・4年

　3・4年生の地域学習の場合について考えます。単元づくりでは次のような内容を大切にしていきます。

① 自分たちに関わりのある身近なことから学習を始める
　3・4年生の社会科は自分たちの生活と深い関わりがある内容が中心となります。単元の導入では次のように生かすようにします。
【例】
○自分たちの家の「買い物調べ」を行い，その結果から「よく行くお店の工夫は何か」を調べる。
○家から出るごみについて話し合い，そのごみはどこにいくのか予想を立てる。
　身近な例から単元を導入することは，子どもたちの学習意欲を喚起するだけではなく，調べ活動をしやすいよさがあります。

② 見学活動を組み入れる
　地域社会を学習するということは，子どもたちが見学をしやすいということです。
　そこで，可能な限り，見学活動を行うようにします。直接見たり，人から話を聞いたりする効果は大きいものです。
　ただし，授業時間が限られているので（特に3年生），見学が効果的な活動となるように，事前指導に力を注ぎます。

【例】
○「見学したい！」と思うような事前の課題提示
○見学での質問事項の準備
○見学時の記録のしかたの指導

❸ 次の時間に関連づくような構成にする

　子どもたちの単元での思考活動が一連の流れになるように構成します。学習内容が，次時と関わりをもつようにするのです。
【例】
○前時の見学学習の記録をもとに，絵地図を作る
○学校で消防施設を調べた次の時間，地域の消防施設がどのようになっているか調べる
　これらは学習活動どうしをつなげることになります。

❹ 単元のまとめの活動が社会参加に結びつくように

　単元のまとめは，学習内容について表現活動をすることが多いものです。それらが「社会参加」に結びついていくようにします。
　たとえば，「学区をより安全な街にするための提案をポスターで表現する」といった活動であれば，実際に地域の交通安全協会の方に聞いてもらいます。
　小さな社会参加かもしれませんが，子どもたちの学びが社会に発信されたことになるのです。

（佐藤正寿）

単元計画

単元づくりで大切にしたいこと
5年

　5年生の単元づくりで大切にしたいことは,
　地域で働き，生きる人の工夫と努力に迫る
ということです。

　4年生までは自分たちの住む都道府県の内容が中心です。しかし，5年生になると，自分たちの住む都道府県にとどまらず，日本の他の地域や世界との結びつきも学びます。そのうえで，覚えたり，知識として身につけたりする内容が4年生と比べて増えていきます。(そこで，知識として覚えることを意識しすぎると，「社会科は暗記する教科なのだな」と子どもたちが感じ，社会科嫌いを増やしていくことにつながります)

　つまり，社会科で大切なことは,
　社会に関心をもち，自らが社会に関わっていく
子どもたちを育てていくことです。

　5年生の社会科では，様々な地形や気候といった自然条件を生かした暮らしをしている人々や様々な産業で働く人たちが出てきます。そこで，単元づくりをする場合は，そうした働く人や生きている人々と出会う場をつくるという意識で取り組みましょう。

　そこで，以下のような視点を単元づくりの中に意図的に位置づけています。

第1章　楽しい社会科授業をつくろう

1）自分たちの住む地域と比べながら学習をする
2）働く人に着目させ，その人から学ぶことを考える
3）どのように生き，どのように関わるか考える

　特に，単元指導計画をつくるうえでは，
　自分たちとの共通点や相違点
を考えるようにします。

　たとえば，日本の気候の学習では，沖縄の暮らしをよく取り上げます。しかし，ただ沖縄を取り上げるだけではなく，自分たちの住む地域と比べるだけでも，自分と関連づけて考えることができ，共感も生まれてきます。実は，こうした「共感」が社会科の単元づくりでは大切です。

　また，働く人に焦点をあて，その人から学ぶように工夫していきます。たとえば，「米作りをしている人」ではなく，「米作りをしている田中米作さん」というように，具体的な人物を提示し，その人から学ぶようにするとよいでしょう。最後に，自分たちはどのように生き，どのように関わっていくかについて考えさせるように指導の計画を立てることをおすすめします。

　たとえば，5年生で農業や食料生産について学ぶのであれば，食料自給率を高めるために，自分ができることはどんなことなのか考えます。そのうえで，実際に家庭でやってみようとその取り組みをレポートにまとめるという学習を設定します。
　単元の最後は，自分自身の生活につなげる
という意識で実践に取り組むとよいでしょう。

（長瀬拓也）

単元計画

単元づくりで大切にしたいこと 6年

6年生の単元づくりで大切にしたいことは以下のことです。

○時間と距離を身近にする。
○自分事として考えられるようにする。
○将来の社会参画を視野に入れて学習を進める。

1　時間と距離を身近にする

　たとえば，縄文時代の人々の生活と現代の子どもたちの生活を考えようとしたとき，時代という帯で考えると時間の差は計り知れません。また，距離についても，青森県にある三内丸山遺跡を扱っても，奈良県の子どもたちにとっては「あぁ！　そうか！」となかなかピンとはきません。そこで，そのどちらも縮めるためのアイテムとして，次の5つがあげられます。

①衣食住の写真　②石器や土器など　③再現映像
④食べ物　⑤実物大の袋　（縄文時代を例に）

　つまり，当時人々が使っていたであろう物に焦点をあて，子どもたちと出会わせます。

第1章 楽しい社会科授業をつくろう

❷ 自分事として考えられるようにする

次に，自分事として考えられるように，どのように授業を進めていけばよいのか考えてみましょう。

歴史学習でいえば，時代背景を把握したうえで，自分がその人物として，どのような活動を行い，生活をしていたのかを考えさせることが大切です。いかに子どもたちの知識レベルを上げられるか。そして，「〇〇だったのではないか」と考えられる推理力をつけさせるかが重要です。

公民分野では，社会参画の一員となるべく，体験的活動を多く取り入れた学習を進めていくことも必要です。また，「自分なら，どう考えるか」「どんな意見が言えるか」と思考することで，子どもたちにとって，自分事として社会的事象が捉えられていきます。

❸ 将来の社会参画を視野に入れて学習を進める

義務教育修了後，社会の一員として，国民の義務を果たしていけるような先を見据えた学習を進めていくことが肝心です。

参政権が18歳以上に定められ，権利を保障されている今，子どもたちが社会参画する力を養える学習を教師は計画し，地域コミュニティ（生活基盤も含む）でのつながりを継続していけるような学習を考えていかなくてはなりません。

6年生の社会科学習は，目の前の子どもたちからは遠い存在であり，身近に感じられないかもしれません。しかし，以上の3点を教師が意識し，学習計画を立て，授業実践を進めていくことで，子どもたちには必ず社会の一員としての自覚と責任が生まれてきます。

(中條佳記)

単元計画

総合的な学習の時間や生活科との関わりで大切にしたいこと

　総合的な学習の時間や生活科との関わりで大切にしたいことは，以下の通りです。

> ○各教科，領域で，目標および内容も違うことを意識すること。
> ○積み重ねが大切であり，生活科，社会科，総合的な学習の時間のつながりを意識すること。

1　教科が違うので，目標および内容も違う

　生活科では，校舎内を探検するところから学習をスタートします。たとえば，近くの公園などへ行き，散策したり，自然と触れ合ったりします。また，学校の近くを歩くことでフィールドワークが始まります。さらに，校区探検をし，近所のお店屋さんを巡ったり，郵便局や駅などへも出かけたりしていき，どんな仕事をされているのかを見学します。学習の経験を生かし，校内郵便局を実施し，仕事の役割などを学ぶ場合もあるでしょう。それらの経験をもとにして，３年生へと進級し，社会科と初めて出会うのです。

　つまり，生活科，総合的な学習の時間，それぞれに目標があります。もちろん社会科にもあります。生活科では，子どもたちにとって，家庭の次のコミュニティである学校という場を学

第1章 楽しい社会科授業をつくろう

び，その近くの地域と出会って学んでいくという社会への広がりや素地を自分事として身につけていきます。また，総合的な学習の時間の場合も学んでいく子どもたちにとって，教師の認識や考えから，社会科との混同や混乱を引き起こさないように配慮するべきです。

❷ 生活科，社会科，総合的な学習の時間のつながりを意識する

　総合的な学習の時間においては，各学年ごとに，学習するテーマが決まっていたり，学校独自のカリキュラムを作成していたりします。教師の裁量もあり，子どもたちがやってみたい活動を中心に学習を進めていくことが多くあります。長野県の小学校が実践していた【白紙教育】などは，まさに教科書がない教科として，学習を進めていくものでした。

　この時間の学習の進め方は，社会科で学んだスキルを生かすことに尽きます。なぜなら，課題やテーマを見つけて出会い，それを解決していくために，調べる活動に入り，調べて集めたあらゆる情報をまとめ，友人や仲間と共に話し合ってシェアし，さらに追究したり，深めたりしていくからです。そして，新たな課題が見つかれば，また調べて探っていき，情報を集めていきます。この繰り返しであるがゆえに，社会科での学習スキルを子どもたちが身につけた結果が如実に現れてきます。

　このように生活科，社会科，総合的な学習の時間のつながりを意識することが必要です。どの教科ともリンクできる横断的（教科）といえるものが総合的な学習の時間であり，発展的な学びができるので，それぞれの利点を生かしていくことが大切です。

（中條佳記）

授業の進め方

活動時間の保障を大切にする

　授業の進め方は様々な方法があります。先生によっても大きく異なります。ただし，どの方法でも大切なことがあります。
　それは，

子どもたちの話す，聞く，読む，書くを保障する

ということです。
　具体的な例をあげて考えてみましょう。

　私が授業を行う場合は，
1．課題づくり
2．予想
3．資料の読み取り
4．読み取ったことの検討（話し合い）
5．話し合いの確認（追加資料の読み取り）
6．振り返り

という形にしています。
　この授業の進め方が正しいか正しくないかではなく，授業の流れが子どもたちの話す，聞く，読む，書くの4つの学習活動を学習内容に応じて保障できているかを常に考えることが大切です。
　学習内容によっては，いくつかの学習活動をしない場合もありますし，授業の進め方そのものを変えてしまう場合もあります。

そのうえで特に意識しているのが,

子どもたちの「書く」活動

です。私は,

数分でも鉛筆の音だけが聞こえる時間をつくること

が必要だと考えています。

かつて有田和正先生が,「鉛筆から火が出るぐらいのスピードで」と子どもたちを指導していたことは有名です。こうした子どもたちの書く時間をいかに入れるかを考えると「授業が締まり」ます。

もう一つは,

授業の「間」をいかに取るか

です。

資料を出して読ませたり,考えさせたりするときの「間」や振り返りを書く「間」など,時間の間もあれば,先生が資料を出す瞬間の間もあります。

若い先生の授業を見ると,間がなく,どんどん資料が出続けることがあります。そうすると,子どもたちがだんだん意見を言いづらくなっていきます。資料が多くて考えることが難しくなり,読むことも話すこともできなくなるからです。

つまり,社会科で話す,聞く,読む,書くの4つの学習活動を大切にするということは,子どもたちの「考える時間」を大切にするということです。

そのため,社会科で大切な資料を提示する場合は,子どもたちの考えが一番高まる時間なので,よく「間」を考えて取ることを大切にしましょう。

(長瀬拓也)

授業の進め方

授業の進め方のポイント
3・4年

　社会科は3年生から始まる教科です。子どもたちも「どのような学習をするのかな……」と期待しています。

　その期待に応えるためにも，活動的な3・4年生に合わせた授業を展開していきましょう。

① 「調べたい！」と思う学習問題を

　3・4年生の子どもたちは「知っている！」と言うことが多いものです。

　そこで**「知っていそうで，実はよくわからない」学習問題を提示**しましょう。

　たとえば「学校に消火器はいくつあるでしょうか」という課題では，様々な予想が出てきます。

　「子どもたちは，実際に校内を調べるとわかる！」と言います。課題意識が高まったところで調べさせる点がポイントです。

② 多様な調べ活動で課題解決を図る

　課題解決のために，教科書や資料を調べ，ノートに書き，それを発表し，話し合う。社会科授業の一つのスタイルです。

　ただ，3・4年生であればもっと多様な調べ活動をさせましょう。たとえば，地域での調べ活動，見学活動，インタビュー活動，といったものです。

　これらの活動は「見る」「聞く」「考える」「書く」「話し合

う」といった基礎的な学習活動を土台としています。

　グループでのインタビュー活動であれば，事前活動だけでも次のようなことをします。
○インタビューする内容を考え，話し合う。
○質問を書く。
○ペアでインタビューの練習をする。
○見ている人はアドバイスをする。

　つまり，**多様な調べ活動を行うことは，基礎的な学習活動を充実させることにもつながります。**

　積極的に取り入れていきましょう。

　ただし，留意しなければいけないのは，あくまでも問題解決のための体験的活動であるということです。体験的活動自体が目的になって，学習が終了してしまうことがないようにします。

❸　まとめ方の基礎を学ぶ

　学習問題に対するまとめは，**学習した内容を的確に表現する**点でも大切です。最初は教師の板書を写すことから始めます。少しずつ自分なりのまとめが書けるようにしていきます。

❹　教科書・副読本を適切に活用する

　3・4年の教科書や副読本は，**子どもたちの学び方の参考例**が書かれています。「扱っている事例が異なっているから」という理由で活用しないのはもったいないことです。ぜひ活用しましょう。

（佐藤正寿）

授業の進め方

授業の進め方のポイント　5年

　5年生になると,教科書で扱う資料の数が増えます。

　写真,図,地図,グラフ等,一つの教科書で年間700以上というデータがあります。1時間平均7個以上の資料を扱う計算となります。

　特に増加するのがグラフです。それまで棒グラフ中心だったのが,円グラフ,折れ線グラフ,帯グラフというように,種類も複雑になります。

　そこで,大切になってくるのが,**「資料の読み取りを丁寧に行う」**ということです。1学期には,その基本の習得に時間をかけましょう。

　たとえば,折れ線グラフなら,「表題」「出典」「縦軸」「横軸」に何が書かれているか確認します。そのうえで,「変化の大きいところ」に注目させ,「気づいたこと」や「その理由」を考えさせるようにします。

　このような基本項目の確認は,子どもたちが身につけるまで何度も繰り返すようにします。

　また,5年生では**ノート技能**も伸びます。

　先の資料の読み取りで気づいたことは,ノートにしっかりと書かせます。

　時には,「気づいたことに理由や感想を加えなさい」という指示を出します。

> 日本の米の生産高が減っている。人々がご飯を食べなくなったからだ。また，働く人も減っているからだ。これは将来の農業での大問題だ。

というように，書く内容も質もアップします。友達の発表も自分なりにノートに書き加えるようになると，充実した授業ノートとなります。

　さらに，**子どもたちが価値判断をする場面を設ける**ようにします。

> 未来の自動車として「人にやさしい自動車」「安全な自動車」「環境を考えた自動車」があるが，この中であなたが一番優先したのはどの自動車か。

このような発問に対して，自分なりの価値判断をして，話し合いをするのです。

「これでなければいけない」という正解はありません。その話し合いのプロセスそのものが，社会的なものの見方・考え方を深める場となります。

以上のように，1時間の授業の中に「資料の丁寧な読み取りの場」「ノート活動」「価値判断する場面」を意図的に組み入れるようにします。それぞれ，資料活用能力・書く力・思考力や判断力を伸ばす場になるのです。

（佐藤正寿）

授業の進め方

授業の進め方のポイント　6年

　6年生では歴史・政治・国際社会の分野を扱います。このうち比重が大きいのが歴史分野です。

　教科書に掲載されている資料は、5年生のときより種類が増えます。歴史分野なので「昔の絵図」が数多く掲載されています。

　縄文・弥生時代の想像図、蒙古襲来絵詞、長篠合戦図屏風というように、それらは大きくスペースを割かれており、時間をかけて読み取る重要な資料であることが一目でわかります。

　このように**扱う資料に軽重をつけて授業を行うこと**が6年生では大切になってきます。

　また、学習指導要領では、6年生の資料活用の内容として**「資料の特徴に応じて読み取る」**ことが示されています。

　たとえば、長篠合戦図屏風であれば、「織田・徳川軍の鉄砲隊が、武田軍の騎馬隊を破り、勝利を収めた」ということを絵から理解します。それに加えて、「堀や柵は騎馬隊の馬を防ぐためのものではないか」というように絵から推測をさせます。

　これによって、昔の絵図資料を読み取ることの面白さを子どもたちは感じます。そのためには、**「絵から『わかること』だけではなく、『想像できること』も発表しましょう」**というような指示が大切です。

第1章　楽しい社会科授業をつくろう

「歴史人物」の魅力も，6年生の社会科の面白さです。次のような発問で，**歴史人物の行動や判断について，その人物への共感をもたせること**ができます。

○なぜ鑑真は危険をおかしてまで日本に来ようとしたのでしょうか。
○あなたが北条時宗の立場なら，元軍と戦いますか。

6年生の社会科嫌いの子の理由の一つが「覚えることができない」ということです。その点で，**「覚える」ための学習**も大切です。

授業の中でキーワードに関するミニテストや，教科書を読む活動を短時間でいいので取り入れていきます。「フラッシュ型教材」のようなデジタル教材も効果があります。

○資料の軽重をつけ，特徴に応じた読み取りをさせる。
○歴史分野では人物の行動に関わる発問を組み入れる。
○必要な内容を覚えるために教科書本文を読ませたり，デジタル教材を活用したりする。

1時間の中に，以上の内容をバランスよく組み入れることがポイントとなるのです。

（佐藤正寿）

授業の進め方

導入・学習問題ではやる気のスイッチをオンにする教材準備を

　導入・学習問題で大切にすることは何なのでしょう。
　単元計画の際にも導入の大切さが指摘されていますが，各単位時間での導入においても，**実物資料の提示や子どもたちのこれまでの知識や常識では判断のつかない「ゆさぶり」をかけること**が必要です。そのため，子どもたちのやる気のスイッチをオンにする教材（ネタ）を準備しましょう。

　社会科の授業では，「学習問題の発見と解決に向けて主体的・協働的に学ぶ学習」が望まれます。導入では，まず，子どもたちの気づきや？（ハテナ）をどんどん出し合うようにします。
　たとえば，4年生のごみの学習で，家庭のごみの種類や処理のしかたについて？（ハテナ）が出され，追究が進んだとします。そして，前時のまとめで「リサイクルごみとして収集されたものはどうなるのだろう」と新たな疑問が出たとします。そこで，本時の導入ではペットボトルから再生されたプランターを提示し，子どもたちの気づきや？（ハテナ）をウェブマッピングなどの手法を用いて拡げます。
　この際，思考のキーワードなどを常に意識させておくと，ある程度，子どもの反応が予想されます。私はこれまでの取り組みで子どもたちにもわかりやすいキーワードとして，次の3つを意識するようにしてきました。
　それは，

> **数える　　比べる　　さかのぼる**

という，キーワードです。

　では，先ほどの例に戻り，再生プランターの提示により，それぞれのキーワードをもとに子どもたちからどんな？（ハテナ）が出されるか予想してみましょう。

1．数える　　　ペットボトル何本分？　値段は？
　　　　　　　年間いくつ作られる？
2．比べる　　　オリジナルとの違いは？
　　　　　　　他のプラスティック包装は？
　　　　　　　缶・ビン・牛乳パックの再生は？
3．さかのぼる　昔のリサイクルは？
　　　　　　　→時代をさかのぼる
　　　　　　　どんな方法で再生される？
　　　　　　　→製造過程をさかのぼる

といった，？（ハテナ）が，話し合いで出されることが予測できるのです。

　自ら進んで学び，追究する源を私自身は子どもたちの「自学エンジン」と捉えています。そして，そのエンジンにキーを差し込み，学びをスタートさせるのが，導入の授業＝教材（ネタ）にあると考えます。

　先人たちの優れた実践を学び続ける中で，きっとみなさんも，この「自学エンジン」をあなた自身の方法で始動できるようになるはずです。

（城　恵市）

授業の進め方

導入や学習問題づくりのアイデア

　子どもたちが「調べてみたい」と思うような導入や学習問題づくりはとても大切です。最初の「調べてみたい」という意欲づけがその一時間を左右すると言ってもよいからです。
　そこで，こんなアイデアがあります。

❶　まず，一枚の写真から「？」を見つける
　まず，何も言わず，写真を掲示します。
　そこで，どんどん「？（ハテナ）」を子どもたちに書かせていきます。これは，有田和正先生の「ハテナ」の実践からヒントを得ています。（有田和正著／教材・授業開発研究所編著『今こそ社会科の学力をつける授業を――有田式授業づくりに学ぶ』さくら社）
　たとえば，5年生の水産業のカツオの一本づりの写真を見せ，そこから気づいたこと，気になることを出していきます。

❷　少しずつ見せていく
　6年生の明治時代の導入の学習で，廃藩置県を取り上げたことがあります。導入でたくさんあった藩が統廃合され，県になっていく数を表したグラフを見せました。
　「最初はこれぐらい藩があったんだよね」
と言ってグラフを一つずつ見せていきます。そのうえで，
　「実は，県になって……」
と大きく減ったときのグラフを見せました。

いきなりすべてを見せて、「考えなさい」と言うのではなく、子どもたちと関わり合いながらグラフを見せていくと意欲が高まっていきます。

❸ ちょっとした言葉で考えさせて

毎回、資料が準備できないという先生もいるかもしれません。そうしたときは、言葉で導入を考えても面白いでしょう。

たとえば、5年生の学習で、黒板に何も言わず、
「産地」
と書きます。
「読める人？」
と聞いて授業を始めていきます。

そして、
「産地＝（　　＋　　＋　　）×　　　　」
と書き、子どもたちに、
「あてはまる言葉は？」
と投げかけて授業を始めます。

ちなみに、授業の終わりでは、
「産地＝（地形＋気候＋交通など）×工夫と努力」
となりました。

ちょっとした言葉がけや工夫で子どものやる気を引き出す導入に変わっていきます。

（長瀬拓也）

授業の進め方

資料の読み取りのポイントは「全体」「部分」「理由」に着目する

　グラフ，表，写真，地図……社会科では様々な資料が出てきます。

　まずはグラフの読み取りです。

　グラフには「題」「出典」「縦軸の項目」「横軸の項目」が情報として提示されています。まずはこれらを次のように丁寧に扱います。

・「題は？」「『農業で働く人の数の変化』です」
・「出典は？」「農林水産省です」
・「縦軸に何が書かれているか」「『万人』とあるから人の数です」
・「横軸は？」「1970年から10年ごとの年です」

　これらは誰にでも答えられる問いです。これらを確認するのは，読み取りに反映させるためです。たとえば，題に「変化」とあれば「どのように変わっているか」を読み取っていきます。数値も「およそ900万人です」と単位をもとに言わせます。

　実際の読み取りです。最初に**「全体の傾向」**をつかませます。「ずっと減っている」ことに気づきます。

　さらに，同じ減っている内容でも「40年間で働いている人は3分の1以下になった」というような具体的な数値を入れた読み取りができるようにします。

次に**「部分」**に注目させます。ここでは年代別です。「29歳以下は2010年には、ほとんどいない」「60歳以上はあまり減っていない」といったことが出てきます。

「全体」も「部分」も変化をつかませましたら、次は**その理由**を考えさせます。

このように細かいステップを踏んで読み取ることで、一定の読み取りが可能となります。

「全体」「部分」「理由」という視点は、他の資料も同様です。

たとえば、写真や地図の読み取りでは、その視点で最初に全体で**見えるもの**に着目させます。「蒙古襲来絵詞」なら「武士・馬・松の木・弓・元軍・てつはう……」というように次々に出てくるでしょう。

そこから**部分と理由**に注目させ、「元軍はてつはうで攻撃している。だから日本軍は苦戦したのではないか」というような読み取りをさせるのです。

このような資料の読み取りでは、最初は「見えるものは何か」といった細かな発問が必要です。

しかし、そのような発問に頼ることなく、自力で読み取っていくようにさせることが大切です。最終的には「読み取りなさい」の指示でどんどんノートに書いたり、発表したりすることが理想です。

（佐藤正寿）

授業の進め方

グループ活動で大切にしたい3つのポイント

　一つの学習問題があったとします。それを解決していくためには，1人の力より2人，2人より3人と，グループで活動してこそ，有意義であり，学びが深くなります。グループ活動で大切にしたいことは，以下のことです。

❶ 活動する際の学習問題やテーマ，到達点が明確である

　まず，グループ活動をする際に，学習問題やテーマ，最終的な子どもたちの到達点などが，明確に見えていなければいけません。学習問題については，学級全体で追究していく前段階として，グループで考えさせることがよいでしょう。

　また，テーマについては，あらかじめ個人の意見や考えを出させた（メモさせておくとよいでしょう）あとに，グループ活動へ移行していきます。そうすると，グループ活動での話し合いや意見交換が，よりスムーズに運ばれ，活気あるものになります。

　また，到達点については，教師が予測し，その学習での目標であり，話し合いの落としどころを明確に見通しておく必要があります。これらを教師が意識して子どもたちに活動させられれば，グループ活動は素晴らしい学習活動になるでしょう。

❷ 話し合い，意見を出し合い，協力できる雰囲気がある

　次に，話し合いや意見の出し合いができる人間関係が構築さ

れているのかをチェックしましょう。良好な関係が築けているならば，子どもたちに任せつつ，グループ活動を進めていけばよいでしょう。

逆に，難しい場合は，教師が配慮してグループ構成員を決定していく方法を取ってみてはどうでしょうか。グループ活動では，何を活動するのかより，誰と活動するのかが強いため，構成員によっては深い学びへとつながりにくくなるかもしれないという状況を考えなくてはなりません。協力し，助け合えて，一つの目標に向かっていける子どもたちのグループ活動をサポートできるようにしましょう。

❸ 活動するグループ構成人数を考えておく

最後に，活動するグループ構成人数を考えましょう。いくつのグループに分けるのか，何人ずつにするのか。学習問題やテーマなどについての話し合いや社会見学，新聞やポスターを描く作業，インタビューなど，必要に応じて人数を配慮し，教師はグループ活動で最も効果が出せるであろう人数を見取っておきましょう。最少人数は2人からですが，10人を超えてくると，よほどリーダーシップを発揮できる子どもが存在しないと，グループ活動が機能していきません。そのため，グループ活動を行うには，まずその活動内容を明確にすることです。

これらの配慮をすることで，子どもたちは力を発揮できるようになっていきます。

(中條佳記)

> 授業の進め方

話し合い活動は場の設定によって効果が高まる

　小学校では，話し合い活動のある授業は，日常的に行われています。
　そして多くの教師が「話し合いが活発に行われる授業がしたい」と思っているはずです。
　しかし，話し合い活動をすると収拾がつかなかったり，話し合いが進まなかったりということもあります。
　話し合い活動は学級経営とリンクしている
からです。

　話し合い活動を効果的に進めるためには，いくつかの共通認識が必要です。
　まずは，
　グループ内で話している人は１人であること
です。一言で「話し合い」といっても，
・２人組のペアでの話し合い
・少人数３～６人ほどでの話し合い
・クラス全体での話し合い
があります。どの話し合いの場面でも，話している人が１人でないと，議題は深まっていきません。
　次に，
　友達の意見を尊重すること
です。自分と反対の立場の意見は，自分の視野を広げてくれる

ものであるので,特に大切にさせる必要があります。自分の発言の中に入れさせるために,

「確かに〇〇さんの△△という意見もわかります。しかし,ぼくは□□のように思います。理由は……。」

という譲歩構文を使えるように指導します。

また,話し合い活動の前には

自分の考えをノートに書く時間をつくること

も大事にしましょう。

すぐに議題を認識し,自分の考えを言える子どもであればよいのですが,このような活動が苦手な子もいます。苦手な子ほど,自分の考えをノートに書かせ,整理させていく時間が必要です。発言する際には,ノートに書いたことを読めばいいので負担も少ないでしょう。

このような活動は話し合う人数が多いほど,全員参加が難しくなります。それを解消するためには,

ジグソー法

というものがあります。

これは,グループの中であえて1人ずつに異なる資料を渡します。その資料についてわかっているのは,グループの中で1人なので,共有するときには全員が話さなければいけません。

このように子どもたちに意識させることや,場の設定により,話し合い活動はより効果的になります。

(山崎諒介)

授業の進め方

学習用語を身につけるための工夫

　教科書にある学習用語は，基礎的な知識としてその意味も含め，子どもたちに身につけさせる必要があります。子どもたちが発表やノートに自然に使うようになることが理想です。次のような工夫が考えられます。

❶　教科書で扱うときに「意味」や「関連する用語」を教える

　教科書では学習用語が欄外に明記されています。キーワードのときもありますし，解説があるときもあります。

　まずはそれらをきちんと授業で扱いましょう。板書でも色チョークを使って強調します。

　さらに意味も考えさせてみましょう。

　たとえば，「しんでんかいはつ」だったら読みだけではわかりにくいですが，「新田開発」というように漢字で書くと，「ああ，新しい田んぼを開発することか」と子どもたちも納得します。

　「領土」なら，「領」の意味を辞書で調べさせてみます。「手に入れる。支配する」という意味から，領土も「国で支配している土地のことか」と推測がつきます。

　関連して，「領海」「領空」の意味も理解しやすくなります。

❷　違いを教える

　一般的に学習で使われている用語でも，子どもにとっては違

いがわかりにくいものもあります。

　○学区と地域　　　○スーパーマーケットとデパート
　○池と湖と海　　　○山地と山脈

　これらの言葉が出てきたときには、その違いを具体的に教えましょう。クイズ形式にすると盛り上がります。一つの言葉が出てきたときがチャンスです。

❸　辞書をこまめに引かせる

　子どもたちが自ら用語にこだわり、自分たちで意味を辞書で調べるようになったら、どんどん吸収するものです。それは難解用語だけとは限りません。

　たとえば「ごみ」とふだん使っている言葉を辞書で調べてみると「役に立たないきたないもの」とあります。「『資源ごみ』も役に立たないきたないものなのだろうか」と新たな問いかけも考えられます。学習が広がるきっかけとなるのです。

❹　「身につける」ための時間を設ける

　授業で1回扱って身につくのであればいいのですが、簡単にはいかないのが普通です。特に高学年であれば、「身につけるための学習活動の時間」を設けたいものです。

　○教科書にある用語を丸で囲ませ、「起立！　声を出して用
　　語を読みます。覚えたら座ります」と指示する。
　○導入でフラッシュカードで復習する。（デジタル教材だと
　　なお効果的）
　○ミニテストを授業の終わりに行う。

　様々な工夫で用語も身につきます。

（佐藤正寿）

授業の進め方

「書く」活動を行うときのポイント

　社会科の授業において,「書く」活動は大切です。それでは,何をどのようにどこへ「書く」とよいのでしょうか。授業中に「書く」活動のポイントは,以下のことです。

○メモをとる習慣をつける。
○板書＋aを記録していく。
○工夫が見える「書き」にする。

　まず,**メモをとる習慣**がつくように授業を展開します。「あっ」とか「おっ」と子どもたちのアンテナが反応したときに,スルーしてしまったら,学びになりません。気づいたときに素早くメモができる力を養いたいものです。たとえば,「今から先生が話をします。その中で,『これは大事なことだぞ』と思うことをメモしてみましょう」と伝え,ノートに書かせます。それを繰り返していくのです。ノートのみならず,メモ帳,社会科学習プリントなどに書かせてみるのもよいでしょう。

　次に,**板書**です。「授業後に板書を見れば,その授業がわかる」と言われるように,1枚の黒板にその授業での学習問題,子どもの意見や考え,社会的事象を扱った用語,資料（写真や絵,グラフ）などをまとめます。子どもたちは,ノートに視写します。そこに,オリジナルキャラクターでも,棒人間でも登

場させて，吹き出しを加え，コメントも書き加えさせます。先生が話したこと，友達が発言したことなども，どんどん書きこんでいかせます。そうすると，重厚で深い「書く」活動ができてきます。

最後に，**工夫が見える「書き」**をさせるとよいでしょう。板書を写す際に，資料を掲示しますが，それはノートに貼ることができるような大きさにして，先生が準備しておき，ノートに貼るようにさせましょう。その周りには，書き込みや強調するための枠取りをさせたりします。また，板書に限っていえば，チョークの色は，白と黄をベースに（文字中心に），青，赤，緑，紫，オレンジなども使用するとわかりやすくなります。板書の色については見やすさに配慮しつつ，使い分けると，子どもたちのノートも工夫が見られるようになります。私が常々言っていることは以下の2つです。

○**いつ見ても，内容がすぐにわかるノートになっていますか。**
○**自分が見て，楽しいノートになっていますか。**

これらを子どもたちに声かけをし，「書く」活動の充実に生かすようにしています。

「聴く」活動，「書く」活動，「考える」活動など，1時間の授業の中には，いろいろな活動があります。「書く」ことで，自分の考えの根拠を残し，事実をまとめる活動になるような授業展開ができるようにしましょう。

(中條佳記)

授業の進め方

まとめ・振り返りの時間に大切にしたいこと

　授業の終末部分にあたる「まとめ・振り返り」の時間は，

5分は確保する

という気持ちで授業に臨みます。

　その5分間の「まとめ・振り返り」で意識していることは3つあります。

　①「知識・理解」を確認する。
　②「思考・判断」を養う。
　③次時への意欲を高める。

❶　「知識・理解」を確認する

　これは，本時で習得してほしい「知識・理解」を押さえ直すということです。

　具体的には，板書の中の黄や赤で書いた文字を消して穴埋め問題を作ったり，復唱したりする方法があります。覚えることが苦手な子どもでも，ノートには自分が書いた「答え」があるので，安心して取り組むことができます。

　また，**本時のタイトルを授業の最後に書かせる**ということもします。タイトルに本時の要点を入れることで，授業のキーワードを再確認できるでしょう。

❷　「思考・判断」を養う

　授業の感想を書かせます。授業の感想を書くことで，発言が

苦手な子でも自分の意見や考えを表すことができます。机間指導の際に，感想の内容を褒めたり，感想を読んであげたりして自信をもたせると，発言しやすくなります。書くことで頭の中が整理されます。授業を通して，どのように考えたかや，どのように考え方が変わったのかを中心に書かせましょう。

❸ 次時への意欲を高める

いわゆる「オープンエンド」の手法です。授業の終末部分で，授業を通して見えてきた「問い」を生み出し，次時の冒頭は，その「問い」から始め，また違う「問い」で授業を終える。私はこのパターンを最も多く用いています。

授業終末部分での「問い」は，

 子どもが調べたくなる問い

がふさわしいでしょう。

たとえば，4年生の「くらしと水」の単元で，私たちが1日に使用している水の量がわかったとします。その量をもとに，「使いすぎだ！」や「節水すべきだ！」という感想を言う子どもがいます。しかし，中には「水はたくさんあるので，使う量は気にする必要はないのでは？」と思う子どももいますので，その発言で授業を終えます。そうすると，「地球上に使える水はどれぐらいあるのか？」に注目して調べてくる子どもが出てきます。次の時間は，調べてきた子どもの発表から授業を始めます。

このように，子どもが調べてきたことから授業が始まると「子どもが主役の授業」となりやすいです。

私は，この3種の「まとめ・振り返り」を授業の目標や，子どもたちの実態に合わせながら行っています。

（山崎諒介）

授業の進め方

子どもが喜ぶ振り返りの面白アイデア

　単元の振り返りでは，社会科新聞を書かせることがよくあります。

　これを毎単元積み重ねていくと，書く力やまとめる力が育ってどんどんうまくなっていきます。新聞以外では，**パンフレットやリーフレットを作る**という活動もあります。

　「衰退しつつある伝統産業を守っていくため」や「過疎地域のよいところを紹介して，観光客を集めるため」などと題せば，子どもたちは使命感に燃え，より積極的に取り組みます。

　できあがったパンフレットやリーフレットは，地域の観光案内所や社会見学先に置いてもらえるのであれば，「地域に貢献したい」とさらなる意欲が湧いてきます。

　また，それ以外に，

振り返りを「劇化する」

手法もあります。

　たとえば，京都で有名な「琵琶湖疏水」は郷土学習でよく取り上げられます。

　東京遷都のため，衰退していた京都を復興しようと琵琶湖疏水建設を提案した北垣國道（きたがきくにみち）や建設工事の最高責任者である田邉朔郎（たなべさくろう），琵琶湖疏水建設のため税金を支払った京都市民，建設予定地となったため土地を追われた人々など，それぞれの立場の主張や行動をセリフに起こしていき演じていけば，先人の苦労や苦悩，郷土愛をより認識できるでしょう。

第1章　楽しい社会科授業をつくろう

　一年間の振り返りでも，パンフレットやリーフレットを用いることが効果的です。

　３年生では，「私たちが住んでいる市」を題材に，農業や工業，商店の工夫などを学んでいきます。その学習を通して，産業の基礎部分を学んだり，住んでいる市のよさに気づいたりしていきます。京都市では農業なら「京野菜」，工業なら「漬物や西陣織」関係などの産業があります。そこで，社会見学で訪れたところや有名な観光スポットを中心に，

観光客におすすめしたいスポット　ベスト３

をみんなで決めていきます。

　多数の候補地の中から，ベスト３にしぼりこんでいく過程を通して，それぞれのよさを発見していきます。また，

穴場スポット　ベスト３

も決められるでしょう。

　この活動によって様々な地域から通ってくる子どもたちが地元の名所をアピールしようと意欲的に取り組んでいきます。

　このような一年間の振り返りであれば子どもは喜び，主体的に取り組みます。

(山崎諒介)

授業の進め方

社会科こそ学級づくりを大切に

　学級の中で,仲間との関係において不安や苦しさがあるとなかなか学習に力をいれることはできません。そのため,お互いに信頼し合い,安心して学べるような工夫が学級担任には常に求められます。

　同時に,社会科は「民主的な国家・社会の形成者として必要な公民的資質」(学習指導要領) を養う教科でもあります。社会科を学ぶということは,単に知識や理解を深めるだけではなく,同時に民主的な学級づくりにつなげていくこともできるのです。

　民主的な学級とは,民主主義の精神を大切にするということです。たとえば,
　・よりよい学級(社会)をつくっていこうとする。
　・ルールをもとに話し合うことができる。
　・自分だけではなく他人の権利を大切にできる。
　・自由を大切にし,行動に責任がもてる。
といったことがあげられます。
　そのためにはまず,授業の中で
明るく,楽しく,ユーモアで
を大切にすることは,多くの優れた教師の基本だといえるでしょう。明るく,楽しい学級は子どもたちが前向きに学ぶきっかけを生み出します。

また，
話を聞くことをクラスづくりの基本に
することも大切です。

仲間の声に耳を傾け，丁寧に聞こうとする子は，相手を大切にする子だと話していくことで，お互いに聴き合う関係が築けるようになります。

また，授業において，働く「人」や地域の「人」というように，

工夫や努力をする「人」に着目して考えをもたせる
ことも民主的な学級をつくることにつながるでしょう。

たとえば，消防士の方が命をかけて私たちの安全や安心を守る取り組みについて学ぶことを通して，その方の思いや努力，工夫を知ることができます。つまり，学習を通して，他者への理解を深めることができます。

そのため，授業において子どもたちが地域の方から調べたことや考えたことを文章にまとめ，お互いに見せ合ったり，よさを見つけ合ったりする工夫をしましょう。そうすることで，相手や社会に対する共感的で前向きな態度をより養うことができます。社会科の授業と学級づくりは実は密接につながり合っているといえます。

(長瀬拓也)

第2章

社会科授業力を
高めるポイント

　第2章は，**日々の社会科授業力を高めるためにどんなことをすればよいか**について書かれています。

　社会科好きの先生は，社会科授業の力を高めるための方法やアイデアをたくさんもっています。今回はそんな社会科が大好きな先生たちの，社会科授業をより高める方法を提案します。

　そこで，第2章では，
- **教材研究**
- **教材開発**
- **発問**
- **ノート・ワークシート指導**

- ●板書
- ●資料の扱い方
- ●見学・調べ学習
- ●評価
- ●研修・研究授業

について,その方法やアイデアを紹介しています。

ぜひ,参考にしていただければ幸いです。

教材研究

教材研究で大切にしたい3つのポイント

　社会科における教材研究では，「教材と指導内容の理解」「新たな内容の付加」「指導法の研究」がポイントになります。

① まずは教科書内容の理解を

　授業の教材の基本は教科書です。教科書に出ている写真・グラフ・地図等の資料は，授業でそのまま子どもたちに読み取らせる教材です。また，本文は指導内容をわかりやすく表現したものになっています。

　ですから，教材研究の第一歩は**教科書を読みこなすこと**です。

・教材研究用に自分用の教科書を購入する。
・すきま時間を見つけて，教科書を何度も読む。
・自分でも資料からわかることを読み取り，教科書に書き込む。
・教科書を読んで「なぜ？」「もっと知りたい」と思うことをメモする。

　このような手順で私は教科書の教材研究をしていました。教材研究の時間は限られていますから，教科書を読みこなすことで，指導内容も使う教材の内容も理解することができます。

❷ 自分なりの追究でプラスアルファを

　先の教科書教材研究で,「なぜ?」「もっと知りたい」と教師自身が思うことが,実は教材研究を深めることにつながります。

○自分の学区の消防施設を実際に調べて写真をとったり,市役所や消防署に行って話を聞いたりする。
○教科書に出ている漁業のさかんな地域の漁業組合に実際に電話取材をして,疑問点を解決する。
○「長篠合戦図屛風」に関わるエピソードをインターネットで調べる。

　このような教材研究の成果が1時間の授業に一つでも加われば授業に厚みが増します。**「教科書研究プラスアルファ」が授業を豊かにする**のです。

❸ 指導内容や使う資料に軽重をつける

　教材について調べれば調べるほど,「あれも,これも教えたい」という状態になります。

　しかし,指導では**「軽重をつける」ことが大切**です。たとえば,資料が5つあれば,2つは時間をかけて扱うが,3つは簡単に解説する程度にとどめるといったようにです。時には,自分が時間をかけて調べて写真をとった教材も,「やはり不要」と判断しなければいけない場合もあります。

　それは教材研究をした選択の結果であり,決して無駄ではないのです。

（佐藤正寿）

教材研究

教科書を教材研究する
3つのポイント

　教科書を教材研究するポイントは,以下のとおりです。

○扱う教材を使って,どのようなプロセスを経て,目標に到達させるのかを明確にしておく。
○子どもたちにとって,魅力的であり,楽しいと感じられるものにする。
○教科書に仕掛けが隠れていないか隅々まで見る。

---

❶ 目標を明確に

　まず,小学校学習指導要領を読みます。続いて,小学校学習指導要領解説社会編に目を通します。なぜなら,教える単元を通じて,子どもたちに何を学ばせようとしているのかを明確に意識できるからです。ただ,やみくもに知識偏重につながる基本用語を授業中に繰り返し唱えるのではなく,1時間あたりの授業で何ができるのかを考え,教科書を開き,授業を構成していきます。得てして,写真や資料をたくさん準備し,提示することによって,子どもたちを混乱させ,先生の自己満足で授業が終わってしまいますので,欲張らないようにしましょう。

　さらに,社会のしくみがわかったかどうかが測定可能な目標と市民的資質が育成されているかどうかがわかる目標を設定することが求められます。

第2章 社会科授業力を高めるポイント

❷ 魅力的で楽しいものに

次に,その授業が子どもたちにとって,魅力的で楽しい授業にすることができるのかを検証していきます。教材研究するときのポイントは,次の通りです。

○**教科書に掲載されている資料を使うことで,子どもたちの追究したいという意欲が高まるのか。**

○**この2ページで目標を達成させるために,どのような指示・発問・説明をしていこうか。**

○**「えっ?」という,子どもたちの思考にある概念をくずしていくのは,いつ,どの場面でしていくのか。**

❸ 教科書に仕掛けが隠れていないか隅々まで見る

最後に,教科書内の仕掛けをどう探るのかについてです。何気なく教科書を見ていると,見落としてしまいそうなポイントがたくさんあります。文章内に登場する太字のキーワード以外に,教材研究を進めるときのポイントです。

①登場してくるキャラクターの吹き出し。そのページを学習するときに,とても重要な気づきや,疑問,つぶやきが書かれていますので必ずチェックしましょう。

②写真・絵・グラフなどをどのような授業の流れで扱うのか,授業を一つのストーリーとして考えて構想しましょう。

③前々ページ,前ページ,後ページ,後々ページなど,どのようにつなげて学習を進めていけるのかを考えましょう。

問題解決的学習として,一つの学習問題を教科書という最高のテキストを最大限に活用して,授業を進めていく。そのためには,教材研究はとても重要な活動です。

(中條佳記)

教材研究

人物を教材研究する2つのポイント

　中学年における，地域の偉人の学習。高学年における産業の発展の鍵となる人物の学習。そして，歴史上の人物の学習……等々，授業の中で人物のエピソードを通して，学習を進めていくことがあります。

　人物という，子どもたちにとっては，より身近な存在を通して，苦難を乗り越えたり，努力して技術を開発したり，歴史を動かしたりした事実を学ぶほうが，わかりやすく親近感をもって学べるのではと期待されています。つまり，人物と一緒になって学ぶことで，教材がストーリー性をもった物語として生まれ変わり，より身近な話として学ぶことができ，学びが自然と頭の中に入るのです。

　では，人物を教材研究するポイントについて整理してみましょう。

❶　その人物の逸話（エピソード）に注目する

　人物の教材研究は，先にも述べたとおり，ストーリー性をもって子どもたちがより身近に社会的事象を学ぶということを念頭に進めることが必要です。

　具体的に考えてみましょう。人物が子どもたちにとってより身近で，かつ誇りをもって学ぶことができるようにするためには，資料集や教科書の記述にない，エピソードを調べることです。

子ども時代のエピソード,苦労したり失敗したエピソード,家族のエピソードなどによって,その人物は子どもたちに親近感をもたれる人物となるでしょう。

また,教科書や資料集で取り上げられる実績や業績についてその詳細を調べ,困難を乗り越えていくエピソードを紹介できれば,子どもたちに将来への希望と勇気を与えてくれるでしょう。まさに生きた学習となるのです。

そして,「その人物を通しての学びが,主体的・協働的な学びになる」ように,エピソードを生かした教材研究をし,授業の計画を立てるようにします。

❷ フィールドワークこそ生きた教材研究

教材研究をする際には,子ども目線で考えることが大切です。それとともに,教師自身がフィールドワークを通し,実物資料に触れることが大切です。特にその人物の業績として考えられているもの,慈善施設や教育施設,土木事業や建築などによって作られたものに実際に取材に出ることです。

やはり教師が本物の体験をすることが,社会科には不可欠なのです。その際もやはり,なぜ? というキーワードを忘れてはなりません。人物が行動を起こすときには,その内面に熱い行動エネルギーが満ち溢れています。そしてその人物はなぜ現状からの一歩を踏み出したのか,その想いを教材研究する中で,その後の授業が,オリジナリティー溢れる授業に変容します。

(城　恵市)

教材開発

教材開発で大切にしたい
4つのポイント

　新たに開発した教材を使って授業を行ったら，子どもたちが熱中して学習した……ここに教材開発の魅力があります。

　特に社会科は日常生活のあちこちに，教材開発のヒントがあり，取り組みやすい教科といえます。ただ，実際に教材化するために大切なことがあります。

❶　教師自身が「教材開発アンテナ」をはっておく

　学区内には様々な教材開発の種が埋まっています。

　街を歩けば交通安全のための施設，石碑や史跡が目に入ってきます。コンビニエンスストアに立ち寄れば，レシートに多くの情報が詰まっていることに気づきます。

　これらは「教材開発アンテナ」があるからこそ見えてくるものです。日ごろから，このアンテナを自分の中につくっておく必要があります。

　アンテナといっても特別なものではありません。
○自分の中で教材開発したいテーマを，いくつも，もっている。
○「教材の種」を見つけようと意識している。

　これだけでも対象の見え方が変わってきます。

❷　多くのメディアから情報を得る

　教材開発のために現地で直接取材をするのは大切なことです。しかし，今は各種メディアから貴重な情報が得られるようにな

りました。

　特に，インターネットの出現により，教材開発はしやすくなりました。たとえば信号機をインターネットで画像検索すると様々な形のものが出てきます。その画像を授業で即活用できます。

　地元新聞も地域密着の情報が多いものです。博物館や記念館の特別展の紹介といった情報は貴重です。

　また，市役所や各種機関に教材について問い合わせることで，知りたい情報を直接得ることができます。

　このように多くのメディアから情報を得ることを心掛けておきます。

③　他学年の教材のヒントも温めていく

　教材開発のテーマは現在担任している学年だけとは限りません。他学年に関わる教材のヒントが発見できたら，それを記録しておきましょう。ただし，前提として，3～6年生の学習内容を一通り知っておくことが必要です。教材のヒントをもっていることで，その関連情報も自然に入ってくるものです。

④　何よりも教師自身が教材開発を楽しむ

　義務で教材開発をするのであれば，長続きはしません。教師自身が「これは面白い！」「知ることは楽しい！」という姿勢で続けることです。そのような中で行った教材開発は，子どもたちにとっても楽しいものになるでしょう。

（佐藤正寿）

教材開発

子どもを惹きつける
教材開発のコツ

　「エーッ！　どうして？」「調べたい！」……このような声が出る社会科授業は楽しいものです。しかも，教師自身が教材開発した内容であれば，なおさらです。
　どのような教材開発をしたらいいのでしょうか。

❶　「常識がゆさぶられる内容」を

　子どもたちが惹きつけられる教材の条件の一つが**「常識がゆさぶられる」**ものです。教師自身がそのような素材を発掘したら，ぜひ教材化しましょう。
　かつて北海道の研修会で夏に雪エネルギーで野菜を保存している施設を見学したことがありました。「夏に雪を使う。それもエネルギーに」という発想に私自身が常識をゆさぶられました。さっそく教材化して2時間で授業を組み立てました。子どもたちも驚きの連続の授業となりました。

❷　教科書教材にプラスアルファをする

　先のような「1時間丸ごとの教材開発」とは別に，**教科書教材にプラスアルファをした「小さな教材開発」**もあります。いわば日常的な教材開発です。
　たとえば元寇の学習で，「蒙古襲来絵詞」の絵（元軍と戦う竹崎季長）がどの教科書にも掲載されています。その絵のもとを調べてみると，長い絵巻物であることがわかります。公的機関の

ホームページにも紹介されています。教科書の絵に加えて、エピソードと共に何枚か提示するだけでも授業に深みが増します。

「昔の道具」での洗濯板、「寒い地方のくらし」でのかんじき、「太平洋戦争」での赤紙といったものを教室に持ち込むだけで、子どもたちの興味も高まります。ちなみに、これらの実物は、今はインターネットで入手できるようになりました。

❸ 「子どもが追究しそう」という視点から発想する

有田和正先生の実践で「試食の宿題」というものがあります。以前あった２年生社会の「店づくり」の単元です。有田先生が担任時代、なかなか追究活動をしないＡくんがいました。そのＡくんは給食が大好きです。そこで閃いたのが、お店での「一週間の試食」です。これを宿題に出したなら、意欲的に取り組むのではないかというわけです。Ａくんがその単元で大活躍したことは言うまでもありません。（有田和正「面白い教材を提示し、『はてな？』を発見させる」『授業研究21』2003年６月号，558号，p.12，明治図書）

同じような発想で、**「その子が追究しそうな」**教材開発を考えてみましょう。
○３年生に「買い物日記」を書かせて、その中から「お店で働く人々」で追究させる疑問を提示する。
○外国の食文化に注目させ、各国の料理を写真で提示し、「日本とつながりの深い国々」の導入とする。

これは「買い物好きな子」「食べることが好きな子」から発想したものです。そして、その子のために着目した教材は、実は他の子にとっても価値のある教材になるのです。　　（佐藤正寿）

教材開発

地域を生かす教材開発のコツ

　地域を生かした教材開発は，3，4年生が中心です。自分たちの地域を知り，町や市を知り，県を知りというように，自分たちの住む場所から徐々に学びを広げていきます。

　しかし，そうした学びは実は5年生や6年生でも大切なことです。その理由として，

　子どもたちの生活と関心につなげる

ことができるからです。

　5年生や6年生の学びは，気をつけないと子どもたちの生活から離れたものになります。実は自分たちの地域や生活と比較すると，共通点もたくさん見つかるのですが，遠い世界の話を暗記する形になりかねません。

　そこで，地域教材を多く開発し，子どもたちの生活や関心へとつなげていく工夫が必要です。

　では，どのように学習内容に自分たちの身近な地域教材を入れ，子どもたちの生活と関心につなげることができるでしょうか。

　3，4年生は学習する内容が地域の学習そのままなので，市の副読本に載っている地域の偉人や地域のスーパーや商店街の見学など，何を教材開発すればよいかが明確です。

　しかし，5，6年生の場合は，

　いかに学習内容と地域を結びつけるか

を考える必要があります。
　そのためには，次のような意識で生活するとよいでしょう。

① 校区や子どもたちの生活地域に強い関心をもつ

授業で生かせないかを常に考える

意識をもつことです。
「あのお寺はどんな歴史があるか？」
「この地域の有名な武将はいるのか？」
というように，普段から教材開発のアンテナをはっておきましょう。

② 教材開発の協力者を見つける

　たとえば，地域の博物館の方やお寺の住職さん，町工場の社長さんなど，教材開発の協力者を見つけましょう。何度も足を運ぶと様々な情報を教えてくれます。そのためのリストを作っておきましょう。

③ ユーモアやユニークを大切に

　有田和正先生は，ユーモアを大変大切にされました。先生が「楽しむ」ということが地域教材づくりではとても大切です。
　ぜひ，楽しみながら教材研究をしていきましょう。

（長瀬拓也）

発問

子どもの学習参加意欲を高める発問のつくり方&考え方

　授業で大きな役割を果たすのが，**発問**です。授業がうまくいくかいかないかは，発問にかかっていると言っても過言ではありません。では，発問をつくるときにどんなことを大切にすればよいでしょうか。

　発問づくりで大切なこと，それは，何よりも
 子どもたちが学びたいと思う気持ちを高める
ことです。調べてみたい，答えてみたいと思うような意欲や意識を喚起することが発問づくりの基本です。では，具体的にどんな発問があるか考えてみましょう。

① WHY －「なぜ」の発問

　「なぜ，この地域では米づくりではなく大豆づくりをしているのだろう」
というように，考える力を高めることができるのが，この「なぜ」の発問です。

　「なぜ」の発問をすることによって，子どもたちは自分の知識や経験を結びつけながら考えることを通して，社会的な見方や考え方を身につけ，社会的事象に深く関わっていくことが可能です。

　ただし，「なぜ」は簡単に答えることができません。根拠となる資料を用意して行わないと，思ったことをただ羅列的に述

べてしまったり，難しすぎて発言する子がいなくなったりする可能性もあります。

そのため，「なぜ」の発問を授業の１時間の中で多用するよりは，一つか二つの「なぜ」の発問を継続して丁寧に問うように心がけるとよいでしょう。

❷ WHAT/WHO/WHERE －「何を」「誰が」「どこで」の発問

「源頼朝は鎌倉で何を開きましたか」
「鎌倉幕府を開いたのは誰ですか」
「源頼朝はどこで鎌倉幕府を開きましたか」
というように，知識や理解を深めることができるのが，この「何が」「誰が」「どこで」の発問です。

この発問のよさは，誰でも答えやすいという特徴があります。また，覚えておくことや理解することを意識させる発問でもあります。

ただし，すぐ答えられるものも多く，一問一答になりやすく，子どもも考えるというよりは思い出す，探し出すといった感覚が強いので，授業としての深みがあまりありません。そのため，「なぜ」の発問と兼用することをおすすめします。

この他にもどちらかを問い自分の考えをもたせる「which」の発問やどのようにするかといった「how」の発問もあります。ぜひ，子どもたちの学びを深めることができるように５Ｗ１Ｈの発問を意識しながら使っていきましょう。

参考文献：岡﨑誠司「発問は社会的見方・考え方を成長させる」『社会科教育』2015年７月号，675号，p.6（明治図書）
岩田一彦『社会科授業研究の理論』（明治図書）　　（長瀬拓也）

発問

子どもの思考を深める
発問のアイデア　　3・4年

　発問をすることで，子どもたちの思考は活発になり，授業も盛り上がります。さらに，学びも深まります。そこで，おすすめの発問のアイデアにつながるポイントは，以下のとおりです。

○一問一答は，ただの質問。子どもたちの考えが広がっていく質問こそ，発問である。
○比較対象があることで，発問は成り立ち，子どもたちは答えを導き出そうとする。
○自分事として社会的事象などを捉えられるような発問をする。

1　考えが広がる発問を

　まず，そもそも発問というのは，子どもたちの学習への関心意欲が高まり，思考が深まり，決められた枠内でありとあらゆる意見が出てくるようにする目的で使われるものです。そのため，一問一答や○×クイズも時にはいいですが，そればかりでは深まりがありません。

　たとえば，「Aスーパーマーケットでは，みかんが売れるようにどんな工夫をしているでしょうか」という発問では，見学して確認するか，電話で訊くか，家族で買い物に行ったときに見てくるかで解決していけます。確認した事実が子どもたちの根拠となり，学校で訊かれたときに，自信をもって発言ができ

❷ 比較対象があると発問が成り立つ

　ポイントの二つ目は，**比較**です。絵や図を見せながら，2つのものを比べさせるのです。

　たとえば，3年生の単元「昔のくらし」を学習するにあたり，昔のくらし（炊事場）の絵を見せながら，「今の生活と違うところはどこでしょうか」と問います。すると，子どもたちからは「水道がない」「かまどがある」「火をおこしている」など意見が出てきます。つまり，今，子どもたちが生活している空間と絵の中にあるおじいちゃんおばあちゃんが子どものころに生活していた空間とを比較することで，発問が生きてくるのです。

❸ 自分事として社会的事象などを捉えられるような発問に

　5W1Hを意識して発問します。そしてその先にある子どもたちの思考を深めるものを考えておきましょう。

　たとえば，「あなたのおうちでは，どこで買い物をしていますか？」と問います。すると，子どもたちは『買い物』というキーワードをもとにして，自分の家のことを考えるでしょう。家族との買い物を思い出し，「あ～うちは，○○で買ってたなぁ」と考えることができます。

　また，4年生の地元の偉人を取り上げるときなどは，「土倉庄三郎さんは，どうして吉野山を買い戻したんだろう」と問います。すると，全国的に桜で有名な吉野山に関係する人に迫ることで，時代背景やその人物，成し遂げようとした気持ちがわかってきます。

　　　　　　　　　　　　　　　　　　　　　　　　　（中條佳記）

発問

子どもの思考を深める
発問のアイデア　　5年

　5年生になると，中学年での地域や都道府県の学習から，日本全国にまで学習範囲が広がります。学んでいる事象と子どもとの距離が遠のくので，イメージしにくいことも増えてくるでしょう。

　地域や都道府県で学んだ事象をベースに学習を進めていくので，年度当初なら，

> ・高知県の促成栽培は京都府の農業と何が違うのか。
> ・京都府と和歌山県で獲れる魚はなぜ違うのか。
> ・京都府と石川県の伝統産業が発達してきた理由はどのように違うのか。

などの，

住んでいる地域や都道府県との違いや共通点を問う

発問が効果的です。問い方は主に5W1Hを用います。

　このような問い方をしていくと，自分の周りの環境は当たり前のものではないことに気づいてくるはずです。

　また，5年生から統計資料を使った学習も多くなります。

> ・青森県や岩手県でリンゴの生産が盛んなのはなぜか。
> ・遠洋漁業が衰退してきた原因は何か。

第2章　社会科授業力を高めるポイント

> ・京浜工業地帯で印刷業が盛んなのはなぜか。

などの，
グラフの特性に合わせて問う
ことも必要です。

　円グラフなら割合を，折れ線グラフは変化を表すという，それぞれのグラフが伝えたいことを中心に問うとよいでしょう。

　5年生では主に日本の産業について学びます。そして各産業は相互に関わっています。
産業間の違いや共通点，関わりを問う
ことで日本の特徴が見えてきます。

　たとえば，

> ・畜産業や水産業に共通した課題は何か。
> ・輸入自由化で最も打撃を受けた産業は何か。
> ・これからの日本は工業と農業どちらに力を入れていけば
> 　よいのか。

など，はっきり答えの出ない問いもあるかもしれませんが，日本の現状を学んだ上で，
今後の日本の行く末を思案させる問い
も必要です。

　5年生の末には，日本の未来を考えていく子どもたちに育ってほしいと思います。

（山崎諒介）

発問

子どもの思考を深める発問のアイデア　6年

・米作りが始まったころの人々はどのようなくらしをしていただろうか。
・なぜ鎌倉に幕府を開いたのか。

このように，6年生の社会では「どのような」「どのようにして」「なぜ」といった発問が多く使われます。

これらは，歴史的な事実やその理由を理解するためには基本的かつ大切な発問です。それを踏まえたうえで，違った視点からのおすすめ発問を紹介します。

❶ 変化を問う

6年生では歴史を扱います。各時代の違いは変化になって表れます。その変化を直接問います。そのことによって「時代観」を考えることができます。

○米作りが発達して変わったことは何か。
○太平洋戦争は人々の生活をどう変えたのか。

❷ 「何と言えるのか」と問い，共通点を抽出する

複数の例から，一般化させる発問をすることで，社会的なものの見方や考え方を育てることができます。

> ○平安時代の貴族のくらしは一言でいえば「どんなくらし」か。
> ○戦国の世の中はどんな時代と言えるか。

❸ 歴史上の人物の考えを推測させる

　歴史を体験することはできませんが，歴史上の人物の考えを推測させることはできます。それはその時代の人物に共感することにつながります。

> ○大仏造りで聖武天皇が行基に協力を働きかけたのは，どんな考えからか。
> ○信長はキリスト教を保護したが，家康は弾圧した。どんな考えからか。

❹ 「よさ」や「すばらしさ」を問う

　教材研究をすると「日本の歴史や文化のすばらしさ」や「様々な取り組みのよさ」を伝えたいと思うことがあります。それらは，直接よさやすばらしさを問うことで，子どもたちから引き出すことができます。

> ○雪舟の水墨画作品のすばらしさは何か。
> ○日本が国際交流や国際協力をするよさは何か。

参考文献：佐藤正寿『これだけははずせない！　小学校社会科単元別「キー発問」アイディア』（明治図書）

（佐藤正寿）

ノート・ワークシート指導

ノート指導は基本を大切に

どの教科でも指導するノート技能が，社会科のノート指導でもベースになります。

1 基本的なノート技能を教える

ノート技能は教師が意図すれば3年生でも身についていますし，指導をまったくしなければ6年生でも身につきません。

まずは，どの学年でも学年はじめにノート技能を教えましょう。身についていたとしても復習として指導します。

○「囲み」と「番号」を使う
　→「課題やまとめを囲む」「予想や調べたことは番号を最初に書く」……これだけでもずいぶんノートがすっきりとします。
○位置を変えて書く
　→「全体と部分」「一般と具体」といった概念の違いを表現するためには書き出しの位置を変えます。
○線や矢印を使う
　→書かれている内容が関連づけられていることを表現するためには線や矢印を使うことが効果的です。

2 教師の板書が基本

ノート指導の基本は教師の板書を写すことです。

先のような「囲み」「矢印」が板書で使われていれば，子どもたちも板書を写しながら，「このように囲めばいいんだ」と理解できます。

　ただし，「板書をすべて写さなければいけない」のであれば，ノートに書くことだけで精いっぱいという子も出てきます。

　そこで**必要になってくるのが，板書を写すときのルール**です。たとえば次のようなものです。

○課題とまとめは必ず書く。
○色チョークで囲んだ部分は必ず書く。
○その他は指示したものを写す。（「この部分は写しなさい」「今日は全部」「自分で大事だと思うもの」）

　このようなルールに子どもたちが慣れたら，次第に子どもたち自身が判断できるようにしていきます。

❸ 社会科だからこそのノート指導

　社会科のノートの特徴は見学や資料の読み取りから調べたことを書く点です。**自分が得た情報をどのようにノートに記録するのかが大切になってきます。**

　また，**1時間のまとめをどのようにするか**という点もポイントです。これは学年の発達段階によって異なります。これらについては次のページから具体的に述べます。

（佐藤正寿）

ノート・ワークシート指導

ノート指導で大切にしたいこと
3・4年

　3・4年生は社会科見学をすることが多いものです。学区の様子，スーパーマーケット，工場，野菜作り農家，消防署や清掃事業所……校外の「社会」から，まさに学びます。また，校内の消防施設や学校周辺の交通安全施設といったように身近な見学もあります。

　これらの見学では，多くの情報を直接目にします。中学年では，**その情報をノートに適切に書かせることが大事になってきます**。ノートではなく学習カードやワークシートを使う場合も同様です。

　一つ目は，**情報を見やすい形で記録する**ということです。ここでは**箇条書きと絵の表現**を紹介します。

　たとえば，3年生の「スーパーマーケットのひみつ」で子どもたちが発見したことをノートに書かせます。ここで，「ノートの1マス目に『・』（中点）を打って，発見したことを書きます。1行に1つです」と例を示しながら箇条書きを教えます。

・同じのみものをたくさんそろえている

・広いちゅう車場がある

・同じ食べもののしゅるいごとにかんばんがある

・ねだんが大きく書かれている

・車イスの人も買いやすい高さになっている

「箇条書きではたくさんの発見が見やすい」「いくつあるかすぐにわかる」と，そのよさを実感することで，子どもたちは「箇条書きをこれからも使っていこう」と思うものです。

絵で記録することのよさは，言語化しにくいものを別の方法で表現できるという点です。また，中学年の子どもたちは絵を描くことが好きなので，強く印象に残したい場合も効果的です。見学学習で「絵も加えていいです」と話すと，子どもたちも喜んで表現します。

二つ目は，**情報の分類の初歩を教える**ということです。

たとえば先のスーパーマーケットでの発見を，「品ぞろえの工夫，値段の伝え方の工夫，便利な買い物の工夫の３つに分けるとしたら，それぞれ何になりますか」と聞き，記号で順番に○，□，△と分類させます。

・同じのみものをたくさんそろえている　　　　　　　○
・広いちゅう車場がある　　　　　　　　　　　　　　△
・同じ食べもののしゅるいごとにかんばんがある　　　△
・ねだんが大きく書かれている　　　　　　　　　　　□
・車イスの人も買いやすい高さになっている　　　　　△

基本的な板書項目（課題やまとめ，重要項目）を写す他に，このような箇条書き，分類された内容が書かれることで，中学年のノートも工夫されたものになるのです。

（佐藤正寿）

ノート・ワークシート指導

ノート指導で大切にしたいこと
5年

　5年生になると、1時間の授業で扱う資料数や情報量が増えます。子どもたちのノートに書く量も比例して増えます。また、子どもたちがノートにまとめる力も伸びてきます。

　そこで5年生では、**見開き2ページに見やすくまとめること**を目指しましょう。

　そのために、まずは「課題・予想・調べたこと・まとめ」といった基本的な内容を、一通り書くようにします。見やすくするために、次のようなノート技能を使います。

・課題やまとめはきちんと定規を使って囲む。
・調べたことは箇条書きで記し、書き出しを揃える。
・「品種改良」「生産調整」といった重要な学習用語は色を変えたり、大きく書いたりして強調する。
・矢印や括弧（かっこ）といった様々な記号を使う。

　いわば、身についたノート技能を活用して、どんどん書いていくのが5年生のノートです。

　特に記号を使ってノートを書く力を伸ばしたいものです。記号のよさは、言葉よりも端的に表現できるという点です。たとえば、「漁場が制限され、水産資源が減少した結果、日本の漁業の生産量は減少している」という内容も、**「漁場制限・水産**

資源減少→漁業生産量の減少」と短く示すことができます。
　このように記号を使って表現する方が見やすいです。

　また，5年生であれば，**課題に対するまとめを的確に自分の力で書くようにしたい**ものです。
　そのためには，次のように一定の形式を教えます。

○最初に結論を書きます。
○次に「なぜなら」から書き始め，理由を述べます。
○最後に自分の感想を書きます。

　これは基本で「なぜなら」が「たとえば」「もし，～だったら」というように変わる場合もあります。
　たとえば，次のようなまとめになります。

　南魚沼市は米作りが盛んである（結論）。なぜなら，冬の季節風で雪の降る日が多く，その雪は土の中のばいきんをなくすからだ。また，雪どけ水や気温の差が大きい気候も米作りに適している（理由）。雪が多いと大変だと私は思っていたが，実はおいしい米作りに必要だとわかり，驚いた（感想）。

　このようなまとめを，毎時間書いていくことができるようにしたいものです。

（佐藤正寿）

ノート・ワークシート指導

ノート指導で大切にしたいこと 6年

　5年生で「見開き2ページに見やすくまとめる力」がついていれば，6年生ではその力をさらに伸ばすことが大切になってきます。「見開き2ページにまとめる」という点は同じですが，**「自分なりの個性的なノート」**を目指します。板書や基本的な授業の流れをもとにノートを構成しつつ，自分らしさを加味するのです。それは質の向上につながります。

　4つの視点から述べます。

1　友達の発表や自分の考えをどんどん書かせる

　6年生であれば，聴覚的な情報を端的に表現する力もついてきます。自分で調べたことの他に，友達の発表内容を，ノートに加えていきます。

　同時に，「遣唐使は命がけで日本に文化を伝えようとしたんだ！」といった自分なりの考えや感じたことも随時ノートに書き加えます。

　板書以外の情報がどれぐらい入っているかが，個性的なノートでは大切になってきます。

2　視覚化を楽しむことを意識させる

　先の友達や自分の考えは囲みや吹き出しに書いてみましょう。いわば「**視覚化**」を意識するのです。

伊能忠敬の日本地図は今とそっくりで，びっくり！

また，6年生では歴史人物・土器・土偶といった視覚的資料も数多く教科書に掲載されています。それらをイラスト化してみましょう。字ばかりのノートよりも視覚化が図られ，楽しいノートになってきます。

❸ 「長いまとめ」を書く時間を保障する

6年生になったら，「課題に対するまとめを書きなさい」の指示のみで書きたいものです。「最初に結論を書きましょう」といった細かな指示を出さなければいけないということは，ノート技能が身についていないことを表しています。

ただし，自分の考えや感想を入れたまとめが3～4行程度というのはさびしいものです。きちんと**「長いまとめ」を書く時間を保障**しましょう。5分間で相当の量を子どもたちは書くようになります。

❹ こまめなノートチェックを行う

ノートの質を上げるには，教師の適切なノートチェックが必要です。ただし，授業中はもちろん，放課後もノートチェックをする余裕がないのが実情です。

そこで，**授業終了直後に教室でチェック**します。
○まとめを書いた子からノートを教師に持ってくる。
○教師はパッと見て，「見やすい！」といった一言で評価し，サインや花丸をする。

一人あたり5秒ぐらいです。学級全員でも5分はかかりません。定期的なチェックがあるということで子どもたちの「自分なりのノート」への意識も高まるのです。

（佐藤正寿）

ノート・ワークシート指導

ワークシート・プリントづくりで大切にすること

❶ 子どもたちがワクワクするものをつくる

　まず，子どもたちに何を学ばせたいのか，何を書き取らせたいのかを考えて作成します。学習目標に到達するための手段として，取り組ませます。決して，ワークシートやプリントが目的になってはいけません。ただ，遊び心も忘れずに作成していきましょう。そこに，ワクワク感が出てきます。

　たとえば，6年生の歴史学習において，歴史人物を登場させます。【織田信長】を例にすると，人物像を貼りつけ，吹き出しを作り，そこに言葉を書きこませます。「天下布武」「楽市楽座」「安土城」などキーワードを織り交ぜて，話しているように書きこませます。また，【豊臣秀吉】と対峙しているように人物像を貼りつけ，吹き出しを入れると，会話が生まれ，より楽しく学習することができるようになります。

❷ 子どもたちの学びがわかる形にする

　授業中に記録していくワークシートについては，上から下へと流れがわかるように作成します。また書き込むスペースには，使用する学年に応じて，下線や点線を入れておいたり，書く字の大きさに合わせて，スペースを空けておいたりするとよいでしょう。

❸ 絵・写真・図・グラフなども入れる

続いて、絵・写真・図・グラフなどをいかに一枚の紙に入れ込むかですが、効果的に使用するようにしています。たくさん使用すればいいというものでもありません。

歴史学習において例を示すとすれば、【織田信長】【豊臣秀吉】【徳川家康】の３人を用いて学習を進めるとよいでしょう。比較できるものであり、それぞれの考えや業績などをまとめるには最適です。

３年生の地域学習では、建物の写真、４年生の学習では、ダムや公共施設、地域の特徴をよく表した写真を使用します。５年生では、図やグラフを主に用いて、移り変わりや比較検討をする材料として使用します。

❹ パソコン・手書きを使い分けて

パソコンを使って作成することが多いですが、手書きで作成することもあります。

手書きをする理由は、①オリジナルの絵を描き入れたい ②手作り感を出したい ③スペースを余らさず使用し、子どもたちに伝えたい情報を書き入れたいからです。

どちらででも作成できるように技を磨いておくと、使用目的に応じて作成できますし、それぞれに合った学習効果も生まれます。

（中條佳記）

板書

板書づくりではノートへの
つながりを意識して

　板書のしかたは多種多様で，地域によっても様々です。これといった正解がありません。しかし，共通して大切にしていることがあります。
　それは，有田和正先生も述べていることですが，
　子どもたちのノートを意識すること
です。
　もし，自分自身が子どもだと思って，ノートを書くとすればどんな板書がよいか考えてみましょう。そうすると，どのような板書をすればよいかが明確になってきます。
　板書づくりで大切にするポイントを3つ紹介します。

❶　ノートを意識し，日付，テーマは忘れずに
　よく板書では日付やテーマを書くことを大切にするように言われます。また，多くの先生が日付やテーマ（単元名）を書いています。しかし，なぜ，こうしたことが大切なのか，疑問に感じたことはありませんか。その理由の一つとして，
　子どもたちのノートにつながる
ことが大切だからだと考えています。
　毎回の授業で，日付やテーマ，課題を書くことで，子どもたちのノートも「いつ」「何をしたか」が記され，子どもたちが自分たちの学びを振り返ることができます。こうした小さな積み重ねが子どもの力を高めることにつながります。

第2章 社会科授業力を高めるポイント

❷ 大切なことをズバッと書こう

板書のポイントは

大切なことをズバッと書く

ことです。

　読みづらく，わかりづらいことは，子どもたちの意欲を下げます。そのため，大切なことをズバッと書くという意識で見やすい板書を目指していきましょう。

❸ オリジナルパターンをもつと学びが定まる

　自分なりの書き方や進め方のルールを決めたり，板書計画を立てたりしながら，オリジナルパターンをもつと，子どもたちも安心して学ぶことができます。

　また，ある程度自分の中で，パターンができてきたら，時には新しい板書の書き方にチャレンジすることをおすすめします。こうした試行錯誤を繰り返すと板書の力がついていきます。

　「板書」は授業の学びが凝縮されたものです。ぜひ，多くの先生方の「板書」から学んでいきましょう。

（長瀬拓也）

板書

板書では課題とまとめを一致させる

　板書は授業の一時間の学びが凝縮しています。
　大切なことは,
板書における課題とまとめの一致
です。
　子どもたちが一時間の授業が終わったあとに, どのような課題をもち, どのような資料を用いて, どのような答えを導き出したかを明確にする必要があります。
　では, どうすればよいのでしょうか。
　私は,
課題とまとめを赤線で囲む
ということを意識して取り組んでいます。
　大切なことは, 課題とまとめを同じ色で囲むことです。
　線で囲むことのよさは,
学習の重要性が明確になる
ということです。
　「今日の学習は何を目指せばよいか」
　「今日の学習で何を追究すればよいか」
が明確になります。
　さらに, まとめを囲むことで, 課題に対する答えとしてのまとめが, 課題とつながります。
　さらに大切なことは,
意識して続ける

第2章 社会科授業力を高めるポイント

ことです。

　教師が意識して毎回続けることで,子どもたちのノートも板書を真似することで変わっていきます。繰り返すことで,子どもたちの意識も高まっていきます。あきらめないで続けましょう。

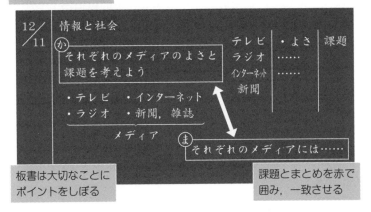

また,色覚障がいのある子どもに配慮しつつ,色を決めておくことも必要です。黒板でどの色を使い,ノートに書く場合はその色をどのように表すかがとても大切です。

「黄色は赤鉛筆で書こう」

というように,子どもたちと約束事をしっかりと結んでおくことで,学習するときに迷うことが少なくなります。

　子どもたちの学習がスムーズに進み,課題に対する追究が進む板書づくりを目指していきましょう。

（長瀬拓也）

資料の扱い方

教科書・副読本で学び方を学ぶ

キー・コンピテンシーという考え方があります。

文部科学省のホームページを見ると,

①社会・文化的,技術的ツールを相互作用的に活用する能力（個人と社会との相互関係）

②多様な社会グループにおける人間関係形成能力（自己と他者との相互関係）

③自律的に行動する能力（個人の自律性と主体性）

OECDにおける「キー・コンピテンシー」について（文部科学省）

と書かれています。これから身につけたい力として,教えられたことをそのまま覚えるだけではなく,自分から調べ,活用する力が求められています。

つまり,

教科書を使って自ら学べる子に育てる

ことはとても大切です。教科書は多くの時間と費用と専門家が集まってつくられています。しかし,だからといって教科書をうのみにし,ただ覚えればよいということではありません。自分の力で教科書を読み,自分で学びを進めていく子に育てていくことがこれまで以上に求められます。

また,中学生になると教科書の分量が大幅に増え,自分で学ぶ必要性も出てきます。

社会科は学び方を学ぶ教科でもあります。まさに,学び方を教えることも社会科の使命だといえるでしょう。

第2章　社会科授業力を高めるポイント

　その上で，私が子どもたちに伝えている教科書や副読本の使い方のコツは次のようなものがあります。

❶　音読から始めよう

　まず，社会科の教科書を読もうと子どもたちには話をしています。音読することで，読み飛ばしがなくなります。じっくり読むことが，教科書を使う第一歩です。

❷　言葉を見つけ出そう

　音読や読むことができてきたら，「言葉を見つけ出そう」と話をします。教科書の文章の中で重要なことを探すように指示します。

❸　言葉と言葉を見つけ，つなげてみよう

　言葉を見つけ出したら，それをノートに書いて，言葉と言葉のつながりを考えるようにしていきます。ワードマップやマインドマップなどの手法を紹介します。

❹　覚えるだけではなく，言葉を説明できるように

　言葉を見つけ出すと一問一答で覚える子もいます。そうした学習も必要ではありますが，逆に言葉の意味を説明し，書けるようにすることも大切です。

❺　自分の教科書をつくろう

　❹までできてきたら，ノートをもう一つの教科書にしようと投げかけます。ここまでくれば，社会科名人になっているでしょう。教科書，副読本を使い，自ら学べる子にしたいものです。

（長瀬拓也）

資料の扱い方

地図帳・資料集は使わせ方を意識する

　地図帳は4年生から6年生まで使うものです。3年間も使う教科書は他にありません。その中心は地図と関連資料です。そこで,「どのように使わせるか」が大切になってきます。以下,そのコツです。

❶ 「使い方」のページに時間をさく
　地図の見方を教えるためだけではなく,「このページを見ればわかりますよ」ということを意識させるためです。

❷ 都道府県は地名と絵記号に注目させる
　都道府県の学習では地図帳を多用します。知っている地名や興味をもった絵記号を丸で囲んで,「習った」という履歴を残しておきます。再度見たときに注目することになります。

❸ 索引ゲームを行う
　索引は実際に引く回数が増えるほど,早く引けるようになります。時には「今日ニュースにあった〇〇市は？」といったゲームで探させると興味をもちます。

❹ 統計資料を使う
　地図以外にも都道府県別の統計の一覧表が掲載されています。5年生の学習で「〇〇が盛んな都道府県」という形で具体的な数値を調べるときに活用することで,データの活用力も伸びます。

❺ 地名が出たらすぐに確認する

６年生でも地図帳は大活躍します。歴史学習で「壇ノ浦の戦い」と出てきたら，実際に地図帳で探してみます。「山口県下関市にあるんだ」ということを実感できます。

❻ 旅行に持参させる

授業だけではなく，家族で旅行する際にも持参させると生きた地理学習となります。

これらはすべて「地図帳と仲良くなる」ための一方法です。仲良し度が高くなるほど活用が進みます。

社会科資料集を使う場合には，最初に子どもたちに「教科書と違う点はどこ？」と考えさせてみましょう。

「写真が大きい」「説明がくわしい」「教科書に出ていない情報も出ている」「関連ホームページも紹介されている」等の反応が出てきます。

実はこれらが資料集の活用どころでもあるのです。教師の指示で資料集を見る場合もあるでしょうが，それ以外でも「進んで資料集を使うとき」を増やします。調べ学習のとき，討論のとき，新聞づくりのとき……**使い方の自由度を高めれば高めるほど，有効に活用できる場面も増え**ます。

また，「資料集を読む時間」も確保します。たとえば社会科のテストが早く終わったら，資料集を読むように指示します。既習の復習だけではなく，予習として読むことでどこにどのようなことが書かれているか，概観することもできます。

（佐藤正寿）

資料の扱い方

映像・動画はねらいをしぼって用いる

　近年，NHK デジタル教材などの，誰もが無料で使える映像教材が増えています。

　この映像教材は，「わかりやすく，コンパクトに」作られています。

　小学校の立地や周辺の環境等の事情で社会科見学に行けなくても，これらを授業で大いに活用することで，子どもたちの経験を補うことができます。

　しかし，映像教材を多用すると，教師の必要性が薄くなってしまいます。そこで，映像教材や動画は，「ここぞという場面」で使用したいものです。私がおすすめする「ここぞという場面」は，

努力や工夫を取り上げる場面

です。

　たとえば，農家の工夫や努力では，日ごろ農家がどのような思いで作物を育てているのかを考えさせます。その中でも，野菜の農家なら「イノシシやサルなどの害」や，畜産農家なら「口蹄疫や鳥インフルエンザの害」などの「農家の苦悩」を知る場面です。

　当然，教科書や副教材にも苦悩を扱ったページはあります。しかし，私の経験上，紙面を読んで，農家の苦悩を知ったり考えたりすることでは，子どもたちに切実な課題として捉えさせることは難しいように感じました。

そこで生産者の苦悩を直接取材し，苦悩を語ってもらい，それを動画で見せました。そうすると，紙面だけで考えさせるより，はるかに実感を伴う学習となりました。
　直接取材をすることで，
足でかせぐ教材
になるのです。
　そして，教師自ら生産者の苦悩を聞くことができるので，教師自身が農家の苦悩を切実な課題と捉えて授業に臨むこととなります。そうすることで，子どもたちにもより深く考えさせることができます。

　また，映像教材は「わかりやすく，コンパクトに」まとめられていますので，教材研究にも最適です。
　それを見てから授業を組み立てることで，
ポイントをきちんと押さえた授業
を行うことができます。
　子どもの理解を助ける映像教材ですが，教師の教材研究の場面でも大いに活用しましょう。

（山崎諒介）

資料の扱い方

自作資料はシンプルさが肝心

　地域教材を使うなど，自作資料で授業に取り組む場合があります。研究授業でも，教科書の資料ではなく，自作で取り組む場合も多くあります。

　私の場合，こうした地域教材を資料にする場合，プレゼンソフトでスライドを作るようにしています。導入，追究，まとめの柱となる資料を数枚と補助資料をいくつか作成します。ここで大切なことは，

多くしすぎない

ことです。

　資料が多くなりすぎると子どもが混乱してしまうことがあるからです。そこで，

柱となる資料を作成する

という意識で取り組むとよいでしょう。

```
　　　　　　△△市との比較
面積　　△△市　827.8㎢
　　　　☆☆町　168.5㎢
人口　　△△市　1,469,100人
　　　　☆☆町　　　11,430人
大豆作付け面積　△△市　　　17ha(18t)
　　　　　　　　☆☆町　2,450ha(6010t)
                        作付け面積
                        北海道★位！
```

導入の資料
　自分たちが住んでいる市と本時の学習対象の北海道の町を比較する。
　自分たちが住んでいる場所を比較することで，より意欲が高まる。

第2章 社会科授業力を高めるポイント

　また，追究のときに使用する資料は，

教科書のつくり方を参考にする

ことをおすすめします。

　教科書の「米作りの山田さんの話」といった読み取りの資料や写真の配置などを参考にしてつくると，子どもたちが学びやすく感じます。

　難易度をよく考え，子どもたちにとって，学習しやすく意欲がわく資料づくりを心掛けたいものです。

　自作資料をつくることは楽なことではありません。しかし，子どもたちの実態に合った教材にすることができ，力を高めることにつながります。

（長瀬拓也）

資料の扱い方

ICT機器の扱い方では適切な活用法を教える

　ICT機器は様々な学校で導入されています。一言で「ICT機器」といっても，デスクトップのパソコンから，タブレットPCまで様々です。
　この項では，「タブレットPC」の扱いについて触れます。

　まずは，
使うときのルールを明確にすること
が大切です。
　たとえば，
・話を聞くときには，タブレットPCを閉じる。
・使わないときは，机の中に入れて置く。
などがあります。
　タブレットの操作に夢中で，教師の指示や友達の意見を聞かない，タブレットPCを机の上から落として壊してしまう，ということは，使うときのルールを明確化しておくと避けられることです。

　また，タブレットを使用することは，
IDやパスワードを管理する練習
にもなります。
　キーボードのタイピング練習ができるインターネットサイトで，個人のIDとパスワードを取得すれば，インターネット環

境が整っていれば,どこでも練習ができます。

　社会に出れば,様々な場面で ID やパスワードの管理が必要です。
・ID やパスワードを他人の目に触れるところに置いておかない。
・大事な情報はメモを取り,保管場所を決めておく。
などの学習にもつながります。

　さらには,
インターネット検索を適切に行う
ことができるような指導も必要です。
　適切なインターネットサイトから調べることができるように,
　・フィルタリングをかける。
　・子ども用の検索サイトから調べる。
ことから始めましょう。
　あくまで,個人タブレットを使うのが目的ではなく,
適切に活用できる
ように支援していきましょう。

(山崎諒介)

見学・調べ学習

地域探検は事前指導がポイント

　社会科と出会う最初の単元は「身近な地域のようす」です。自分たちが住む学区はこんなところなんだ……と今まで気づかなかった視点でまちを見ることにつながる学習です。
　実際に地域に出かけて調べ活動をするので，子どもたちにとっては楽しい活動です。
　しかし，楽しいからといって「活動はしたが，学んだことは少なかった」という結果になってはいけません。そのためには**「探検活動の前の仕掛け」がポイント**となります。

　まずは，導入で**「地域を探検したい！」という思いを強く喚起させましょう**。「学校のまわりのようすはどのようになっているかな？」と問うよりも，次のような仕掛けが有効です。

○学区でのお気に入りの場所を発表させ，行きたい意欲を高める。
○「どのように行ったらいいのだろう？」と地図の必要性をもたせる。

　これは，すでに子どもたちがもっている知識を活用するものです。地域の特色ある建物や風景の写真を教師が提示することで，意欲もさらに高まります。
　お気に入りの場所にどのように行ったらよいかということを

考えさせることは,「地図があると便利。みんなで作ってみよう」という活動につながり,探検活動の目的がより明確化します。

また,探検のための活動として「見学のしかた」「記録のしかた」を事前に指導するのは当然ですが,その中で**「できること」も伝えておきます。**

たとえば,グループで見学をするときに,「お店の人や公園で休んでいる人にインタビューする」「デジタルカメラを使って写真をとる」といったことです。

これらは教科書を参考にしながら,「どのようにインタビューをしたらよいか」「どのようなマナーが必要か」等,事前にリハーサルをしたり,約束事を決めたりします。

このような事前の取り組みを充実させることが,当日の地域探検成功のポイントです。

事前指導を徹底すると,もう当日の探検は子どもたちに任せることができます。

もし,子どもたちが教師の期待よりも活動できなかったとしたら,それは事前指導の不十分さに起因するのです。

(佐藤正寿)

見学・調べ学習

調べ学習が成功する
３つのポイント

① 子どもたちが調べたくなるような問い

まず，子どもたちが調べたくなる問いとはどのようなものでしょうか。

子どもたちが普段何気なく生活をしていて，見たり聞いたり触れたり嗅いだりしていることやこれまで生活体験の中から学んできたことなど，当たり前と思っていることを覆すような事象に出会わせることができるかどうかがポイントです。つまり，子どもの中にある事象や学習材に対する【概念】を崩すのです。

「ん？」「あれ？」「どうしてだろう？」「どうなってるんだろう？」という声が出ればしめたものです。

決して**完全な資料提示をするのではなく，パズルで言えば，ピースが少し欠けたような状態の問い**をするのです。

② 何を調べさせたいのかを教師が意識する

次に，教師が意識しておかなければいけないのは，子どもたちに何を調べさせたいのかです。

問題を解決していくために必要な情報を集めさせ，調べさせていく方向づけを子どもたちとともにしていくと，教師も子どもも問題解決に向かって調べる活動を進めていけます。

ここで気をつけなければいけないことが一つあります。それは，「調べることは，問題を解決するためのあくまでも手段であり，目的ではない」ということです。

調べていくうちに,「あっ! わかった」となり,達成感を味わって,終了となりがちです。調べてわかったことを再度疑ってみたり,子どもたちどうしで情報をシェアし合ったりすることで,さらなる問題解決へと進み,調べ学習が目的にならずにすむことでしょう。そして,調べたことをもとにして,次の学習へとつなげていくことが可能となります。Aくんが調べたこととBさんが調べたことの発表を聞き,Cくんが調べてきたことと違っていれば,そこで意見交流が生まれ,調べた事実をもとに話し合い活動が活発となっていくでしょう。

❸ 調べるためのスキルをマスターさせるには

　調べるスキルをマスターさせるには**実際にスキルを活用させる**ことが大切です。

　インターネット,書籍,インタビュー,新聞,電話,現地見学,写真などを活用することです。ただ,膨大な情報量の中から必要な情報だけをピックアップするには,子どもたちの情報選択力が必要となるため,いろいろな資料を提示し,必要な情報を読み取らせる練習を繰り返し行っていくことが大切です。

(中條佳記)

見学・調べ学習

具体的な指導が効果的な学校図書館使用につながる

　学校図書館（以下「図書館」と略）の積極的な利用は社会科の調べ学習を深めるには大切なことです。それは子どもたちの**「調べる力」を伸ばす**ことにつながります。

　ただ，具体的な図書館での調べ方を教えないと，いつまでも調べる力は身につきません。そこには次のようないくつかのポイントがあります。

① 図書館の分類について教える

　図書館は一般的に日本十進分類法に基づいて，本が分類されています。

　たとえば「2歴史」「3社会科学」「5技術」「6産業」というように分かれています。「地図関係の本はここだよ」というように実際に示しながら，図書のある場所を教えます。

　子どもたちが図書館のレイアウトをおおよそ覚えていれば，探すのも早くなります。

② 百科事典の索引の活用方法を教える

　調べたい内容に合致する図書が見つかれば調べ学習も進みますが，時には「百科事典しかない」という場合もあります。

　そのときには索引の活用方法を教えます。索引は一般的に五十音順に示されています。これは国語辞典の学習が生きてきます。

コンパクトにまとめられている百科事典の活用方法を覚えることは，効率的な調べ学習につながります。

❸ 「特別コーナー」を開設する

調べ学習のテーマで本が多数ある場合には，「環境図書のコーナー」といったように期間限定で特別コーナーを開設してみましょう。図書館司書に頼むのもいいですが，子どもたち自身が図書を探しながら自分たちの力でつくるのもいいものです。

これらのコーナーを「移動図書館」として教室内に設置します。ちょっとした時間でも調べ学習が可能となります。

❹ 一般図書は目次で必要な情報を選ばせる

児童用学習図書ではなく，児童用の一般図書で調べ学習を行わなければいけないときがあります。

たとえば，「伝記を使って，歴史人物についてレポートをする」といった場合です。限られた時間で行うには，伝記を全部読むことはできません。

そういう場合には，学習に必要だと思われるところを，目次をもとに選ばせます。一般図書は調べ学習の場合には，不要な情報の方が多いものです。つまり，情報の取捨選択を，目次を通じて行うのです。

実際に読んでみると，期待外れの場合があるかもしれません。その場合には，改めて目次を見直して，同じ作業を行います。繰り返すことで情報の選択力も伸びていきます。

(佐藤正寿)

見学・調べ学習

ICTを使った調べ学習のポイント

❶ 学区や地域の調べ学習でカメラを活用

ICT機器の中でもデジタルカメラは子どもたちが気軽に活用できるメディアです。

地域の様子を調べる学習,スーパーマーケットの見学学習,交通安全施設を調べる学習で気軽に持たせて使わせましょう。

> ○役割分担をして撮影する人を決める。交代可。
> 　（撮影はメモの補助。メモが第一と共通理解する）
> ○どのような内容を撮影するか決めておく。
> 　（例:「交通安全施設があったらすべて」)
> ○撮影する際のエチケットを確認し,練習する。
> 　（必要なときには許諾を得る）

事前にこのような学習を行ったうえで,あとは任せましょう。実際に撮影した画像は,学級での見学後の話し合い活動や表現活動に大いに役立ちます。

❷ インターネットで広く情報を調べる

知りたい情報を広く調べることができる点が,インターネットのよさです。
○教科書や資料集の内容をさらに詳しく調べたいとき。
○最新の情報を得たいとき。

第2章　社会科授業力を高めるポイント

○違う立場からの情報を調べたいとき。

　このようなときインターネットを使うと子どもたちの視野も広がります。ただし，インターネットにおける情報の探し方には次のような注意が必要です。

○初歩の段階では教師がサイトを指定し，情報の読み取り方を教える。
○検索する場合は複数のキーワードでする方法（AND検索）を教え，必要な情報に早くたどりつくことできるようにする。
○信頼できる情報かどうか判断するために，記録する際は出典元を記す。

　大事なのはインターネット上から，必要な情報を的確に読み取ることです。情報を探すことが中心になってはいけません。

❸ 地図サイト画像で本物に近づく

　「地理院地図」や「Google マップ」のような地図サイトの地図画像も調べ学習では効果的です。自分たちの学区や市町村，自動車工場，工業地帯，前方後円墳を検索して，上空から調べさせてみましょう。

　上空から見る学区に新鮮な驚きを感じたり，見学予定の自動車工場の広さを実感できたりします。Google マップのストリートビュー機能を使えば，あたかも現地に行ったような調べ学習も可能です。

（佐藤正寿）

見学・調べ学習

社会見学は子どもの力を引き出すきっかけとして

　子どもたちは社会見学が大好きです。その理由は，ただ「校外に出られるから」だけではありません。

　それは，見学先で子どもたちが，

本物の力

を感じるからです。

　社会科は世の中のことを学習するので，教室で学ぶより，現地で学んだほうが効果的であることは言うまでもありません。「大単元に1回」見学ができれば理想ですが，校外に出かけるので時数がかかります。週に2単位の3年生では，校外学習に4時間時数を使ってしまうと，2週間分の授業時数を使ってしまうことになります。そんな貴重な社会科の時間を無駄にしないためにも，

社会見学の入念な準備

が必要です。

　私は，主に以下の観点で準備を進めていきます。

1　下見

　見学を受け入れている公的な施設は見学ルートや話してくれる内容が決まっていることもあります。実際に見学するルートを体験することで，どこがポイントなのか，どこで「？」（ハテナ）が出てくるのかを整理しておきます。

❷ 社会見学の単元内での位置づけ

次に、下見をもとに単元のどこに社会見学を位置づけると効果的なのかを考えます。社会見学で学んだことを、教室で追究していくなら単元の導入部分に、教室で学んだことを確認するのが主な目的であれば、単元の終末部分に、ということです。社会見学の位置づけが決まったら、事前指導と事後指導を考えます。

❸ 事前学習と事後学習

社会見学を単元の導入部分で実施するからといって、事前に何も学習せずに現地に向かうことはないでしょう。一方、単元の終末部分に実施するからといって、すべて学習してからいくのは味気がありません。社会見学では、

確かめてくることと、新たに発見してくること

があるように設定しましょう。確かめることを事前学習で、新たに発見してくることを事後学習で深めています。

このように計画していきますが、いざ子どもたちを連れて社会見学に行ってみると、「そんなところまで見ていたのか」や「そんなところに興味があるんだ」と驚かされてばかりです。「本物」は子どもたちの力をより引き出してくれます。事後学習では、単元目標に沿いながら、子どもたちのリアルな反応に寄りそって追究していくのもいいです。

(山崎諒介)

見学・調べ学習

社会見学を記録する力は日常授業から

　子どもたちの大好きな社会見学。楽しいばかりで終わらせず，それ以降の学習に生かさなければなりません。振り返って学習できるように，見聞きしたことを書き取ることが必要です。

　普段の授業では，教師の話を聞くときは「聞く」，板書を書くときは「書く」というように，それぞれの行動に集中して取り組むよう指導されている学級が多いと思われます。これは大事なことです。しかし，社会見学の場面では，「聞きながら書く」という場面が多くなります。高学年の子どもならまだしも，中学年の子どもにとって「聞きながら書く」というのは，難しいことかもしれません。

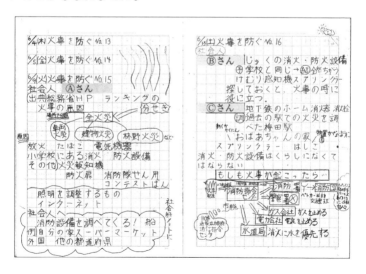

第2章 社会科授業力を高めるポイント

　私は，普段の授業から，

友達の考えや意見をメモするように

と指導しています。友達の発言すべてを書き取るのではなく，「今の意見大事だな」や「そんな考え方あるのだ」というものを中心に書くようにさせています。中学年の国語の学習にある「メモの取り方」と合わせて指導すると，さらに効果的です。これで，「聞きながら書く」ということに慣れ，社会見学中にたくさんの情報を記すことができるでしょう。

　また見学で見聞きしたことをたくさん書きこめるように，見学ワークシート1枚ではなく，社会科ノートを持たせ，

ノートに書く内容を分類できるようにしておく

ことにしています。

　簡単に項目立てしておき，書き分けることで，見学後の事後指導もスムーズにできます。

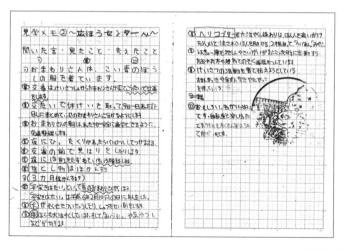

(山崎諒介)

評価

知識を習得する4つのアイデア

　社会科の知識を習得できるようにするためのアイデアとして,以下を提案します。

---
　①エピソード記憶を用いた知識習得法
　②体験活動および体験的活動による知識習得法
　③フラッシュカードを用いた反復練習法
　④チーム対抗キーワードリレー法

　6年生の歴史学習に,苦手意識をもつ子どもたちの原因として,次の2点が考えられます。

　1点目は,時間の差です。数百年～数千年も昔のことを取り上げますので,子どもたちからすれば,社会的事象が非常に遠い存在です。

　2点目は,距離の差です。たとえば,奈良県の子どもたちは飛鳥・奈良時代の出来事や人物などは身近に感じられます。しかし,奈良県外の歴史的事象については,自分事として捉えにくくなります。

　そこで,①のエピソード記憶を利用し,歴史人物にまつわるエピソードを子どもたちに紹介します。登場する人物をクローズアップし,その生き方や考え方,家族や周囲の人たちとの関係を盛り込むことで,よりその人物にせまり,知識の習得をはかります。

次に,②の体験活動,体験的活動を通した学びです。3年生の実践では,七輪という昔の道具を実際に使ってみるという体験活動を行います。その際,【火がつかない】実体験を経て,「では,どうしたらいいだろう?」と問います。「自分で調べてみる」「火付け名人さんに来てもらおう」と子どもたちから意見が出てきます。その後,ゲストティーチャーに来ていただき,子どもたちに成功体験をさせると,七輪に対する知識とともに知恵も同時に学ぶことができます。

 ③のフラッシュカード反復練習法は,教科書掲載のキーワードを記し,毎時間の最初の3分間で繰り返し唱えさせます。たとえば,3年生では地図記号や地域の公共施設の写真を提示します。4年生では都道府県内の市町村名や地域の偉人の写真を提示します。5年生では日本の産業に関わった用語を扱います。6年生では歴史人物の写真を提示し名前を唱えたり,公民分野の国政に関わる基本用語や日本国憲法第〇条を唱えたりして,知識を習得させていきます。

 ④のチーム対抗キーワードリレー法では,たとえば6人ずつのチームを5つつくります。3分間で教科書見開き2ページからキーワードをできるだけたくさん見つけ出し,ノートにメモさせます。準備ができたら,教師の「よーい スタート!」の声で,チョークをバトン代わりにチームから1人ずつメモしたキーワードを黒板に書きに行きます。制限時間内にいくつ書けるかを競います。個人では見落としている用語を,仲間の力を借りて,習得することができます。終了後,黒板に書かれた用語やキーワードをチェックしていくと振り返りもでき,楽しい授業となります。

(中條佳記)

評価

基本的な評価の方法とテスト問題のつくり方

　社会科の基本的な評価の方法については，授業中，授業後の子どもたちの発言や記述したことをもとに行っていきます。また，テスト問題のつくり方については，3つの観点（思考・判断・表現，資料活用，知識・理解）を軸にして作成します。

【評価の方法】
　単元ごとに評価基準および評価規準を作成します。子どもたちの発言をメモし，振り返りシートに記述した内容を規準と照らし合わせ，基準に達しているのか評価していきます。

　振り返りシートを準備しておきます。書く分量は，学年に応じて，3年生が3行程度，4年生が4行程度，5年生が5行程度，6年生が6行程度を目安にします。（学級の実態に応じて，書く分量は定めればよいでしょう）

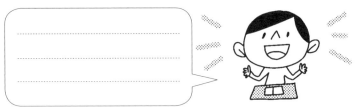

　また，〈今日の授業で学んだことを一言で表すならば？〉で

書かせたり，〈～～は，○○○だ。〉と一文で表現させ続けたりするのも，子どもの思考の変遷がみられて評価に生きてくるでしょう。

　次に，テスト問題のつくり方です。たとえば3年生では，以下のことを主に学びます。
・地域の施設見学からみんなが使う建物について。（公共）
・店で働く人々について触れ，店側，消費者側のそれぞれの立場を理解し，買い物するときの工夫やこだわりについて。
・地域にある工場で生産されているものが人の役に立つことについて。（仕事）
・昔の人のくらしと今の人のくらしの比較から昔の人の知恵や工夫について。
・地域に残る伝統文化について知り，祭りなどが今もなお続いている秘密を調べ，地域への愛着や誇りをもてるような学びについて。

　テストをつくるときは，現地へ行き，写真を撮ったり，取材をしたりすることで，資料活用を問う問題の準備をします。また，その単元で知っておかなければならない用語（たとえば，店で働く人々であれば，スーパーマーケット，品物，温度管理，レジ，バックヤードなど）を知識・理解として問います。最後に，思考・判断・表現については，お店の人の願いや工夫，買い物するお客さんの思いや工夫，どうしてそのお店を利用するのかといったところを問える問題にするとよいでしょう。

（中條佳記）

研修・研究授業

授業参観における見る視点

　視点をもって参観するのと，まったく視点をもたずに参観するのでは，同じ授業でも見えてくるものが違います。社会科といっても他の授業と見る視点が，それほど変わるものではありません。たとえば，発問・指示，板書，ノート，子どもの学習技能等は，どのような授業でも共通する視点です。

　それでも，「社会科の授業ならこの視点は欠かせない」というものがあります。たとえば次のようなものです。

○子どもたちに課題意識を促す導入か。
○どのような資料を使っているか。
○社会科教科書をどのように活用しているか。
○子どもたちをゆさぶる発問をしているか。
○子どもたちは何をノートしているのか。
○発言でどれくらい社会科用語が入っているのか。
○この時間で身についた社会科学習技能は何か。
○まとめをどのようにしているか。

　もちろん参観でこれらすべてを網羅できるわけではありません。しかし，視点をもって臨むとメモの内容も多くなってきます。当然，自分の授業に生かせる部分も多くなってきます。

　また，**「参観時の位置」**と**「参観時の意志」**にもこだわる必

第2章 社会科授業力を高めるポイント

要があります。

子どもたちの後方から参観するのと前方から参観するのでは見方が変わってきます。前方であれば，教師の授業行為のみならず，子どもたちの表情もノートも簡単に見ることができます。さらに教卓のそばに位置すると「授業ノート」や参考資料も見ることが

できる場合があります。いわば授業の舞台裏です。

そのためにも，多数の参観者がいるときには，早めに移動して，前方の定位置を確保しましょう。

「参観時の意志」とは，「今日は○個の学びを得よう」と数を決めることです。いわば授業参観の「目標」のようなものです。

不思議なことにこの目標をもつだけでメモの量や質が違ってきます。

教師の発問や子どもの発言といった授業の記録を書くだけではなく，「資料を読み取らせるための教師のテンポよい発問がすばらしい」といった学びの記録が蓄積されていくようになるのです。

これは参観する授業が決して優れたものでなくてもできます。

教師の発問に，子どもたちの反応が悪かったら，「なぜこの発問がだめだったのか」「どのような発問ならよかったのか」という代案を考えること自体が学びになるのです。　　（佐藤正寿）

研修・研究授業

目的意識のある指導案の書き方

　何のために指導案を作成するのでしょうか。このような問いについて自分なりの答えをもちたいものです。指導案を作成する意義が明確となり，記す内容も充実するからです。

　単元の目標を達成するために，教師は子どもの実態に基づいて，必要な教材を準備して適切な指導法を選びます。それらを明示したものが指導案です。

　それは，子どもたちの学習に生かすものですが，研究授業の場合には，「参観者のための授業説明書」にもなります。

　ですから，**「子どもの学習にも生かせると同時に参観者のためにもなる書き方」**を意識したいものです。ここでは３つのポイントを紹介します。

❶　どのような授業行為か具体的にわかる言葉を使う

　指導案を書くときの基本は，教師の指導行為がイメージできる言葉で書くことです。

　「工夫する」「支援する」「机間指導する」といった言葉は指導案でよく使われる便利な言葉です。

　しかし，それだけでは教師がどんな指導行為をするのかが不明です。これらの表現はたとえば次のように変えます。

　　○「つまずいている子には工夫して支援していく」
　　　→「個別指導でグラフが大きく変化した点はどこか確認

> し，その理由を教科書から探すように促す」

　具体的に書くことができないということは，自分の指導行為が明確になっていないということです。
　一度指導案を書いたあと，先のような言葉がないかチェックしてみましょう。

❷ 具体的な主発問を記す

　参観者が注目することの一つに，「授業者はどんな発問をするのか」ということがあげられます。
　あらかじめ指導案に主発問を明記しましょう。特に，子どもたちの思考を促したり，ゆさぶったりするものはぜひ記したいものです。
　指導案に明記することは，授業者が「主発問を吟味する」ことにつながります。

❸ 担任だからこそ書ける児童の実態を

　子どもの実態を書くときに「児童は資料の読み取りが苦手な子が数名おり，指導が必要である」というように，大まかに書いていないでしょうか。
　「グラフの全体的な傾向をどのように表現したらよいかわからない子が３名いる。その子たちには，『少しずつ増えている』といった表現を教えることが必要である」というように具体的に記します。
　正確な実態把握とそれをもとにした適切な対応は，担任だからこそ書けることです。

（佐藤正寿）

研修・研究授業

研究授業当日までにしておきたいこと

　研究授業は若い教師にとって大きく成長できるチャンスです。
　研究授業をしなくなった教師は，それ以上成長しない
と言っても過言ではありません。
　ただし，研究授業は何回しても緊張するもの。研究授業当日まで，本時の授業や，その単元計画を練っている間は，「これでいいのかな」と不安になります。
　研究授業では，「子どもたちが主体的に学んでいる姿を見てほしい」「意見の飛び交う授業を見てほしい」などと思ったことはありませんか。
　当然そのような授業を目指すべきであり，日々の授業がそうなっていれば，言うことはありません。
　しかし，一方で，研究授業だけ，
　特別なこと，新しいことをしようとすると失敗する
という経験をした先生も多いのではないでしょうか。
　研究授業では，子どもたちは人一倍がんばります。子どもたちにとってもハレの舞台なのです。子どもたちも多くの先生に見られ，緊張し，普段より動きが固くなりやすくなります。
　そんな大舞台で，慣れていないことをさせるのは，授業がうまくいかなくて当然です。
　失敗したとしても，子どもたちの責任ではありません。
　研究授業は普段の授業の延長
です。

第2章 社会科授業力を高めるポイント

　では,どうすればよいのでしょうか。
　研究授業でも子どもたちの普段の力を発揮させてあげられる環境をつくればよいのです。
　そのためには,年度当初から子どものあるべき姿を想像し,そのように育っていくように授業を積み重ねていく必要があります。
　たとえば,《子どもが自ら動き出す授業》を目指すのであれば,そのような学習活動を意図的に授業に組み入れていく,《話し合いが活発になる授業》を目指すのであれば,毎時間話し合い活動を入れる,ということです。日々の授業で,育てたい子ども像に適する学習活動を入れましょう。
　そうすれば,研究授業をするころには,学習活動にも慣れて,子どもたちは力を発揮できるようになるでしょう。
　年度当初から,このように計画的に授業を積み重ねていなかったとしても,

研究授業の一カ月前,もしくは研究授業を行う単元

からでもいいので,育てたい子ども像をもとに,授業を練ってみてください。

（山崎諒介）

研修・研究授業

研究授業当日の取り組み方

　研究授業に来られた参観者は，授業者のしぐさ，発問，子どもの発言に対する反応など事細かに見聞きしています。そんな状況の中，授業や子どもに集中しようとしても，参観者がメモをとる動きが気になったり，「無駄な言葉を発してはならない」と思ったりもします。そうなると，「先生の様子がいつもと違う」というように子どもたちは感じます。

　そして，なによりも子どもたちが一番敏感に感じるところは，授業者の「表情」です。

授業者の表情の硬さが，子どもに伝わる
のです。

　研究授業では，《いつもより子どもたちの意見が出にくい》《授業が盛り上がりにくい》と感じることはありませんか。そう感じるのであれば，授業者の表情の硬さが子どもたちに伝わっているのでしょう。

　人間はいつもと違うことには構えます。研究授業の場面でも同様です。この対処法は「慣れ」や「経験」が一番かもしれません。しかし，研究授業に慣れていなくて当然である若い先生

たちが，表情を少しでもやわらかくして授業に臨むためにできることもあります。

鏡の前で表情筋をほぐし，ニコッとする

ことです。研究授業では，いつも以上に笑顔を意識して授業をしてみてください。教師が笑顔だと，子どもたちも安心して授業に臨めます。

また研究授業では，「子どもに難しいことを考えさせたい」「難しいテーマを学習させたい」という心理も働きます。多くの先生に囲まれる中で，難しいことをさせるのは敷居の高いことです。それも子どもの硬さを生み出します。

そんなときにおすすめなのは，

授業冒頭の発問は，誰でも参加しやすいものにする

ということです。

いきなり，「○○について，どう思いますか」という思考を問うものではなく，2択で答えられるものや，子どもたちに身近な話題で答えやすいものから始めてみましょう。誰もが手を挙げることができ，授業冒頭で参加ができると，緊張していた子どもたちも，「よし，今日もがんばってみよう！」という気持ちになれます。

研究授業当日は，

子どもたちがいつもの力を発揮できる環境

を教師側から仕掛け，整えてあげましょう。

（山崎諒介）

研修・研究授業

研究実践は形に残そう

　研究授業や授業で実践したことを残していくと，次の実践に生かすことができます。

　昔は，多くの先生方は研究授業をやりっぱなしにするのではなく，実践集として形として残すことをしてきました。文集のような形にして残す先生もいたと思います。今はなかなか時間が取れませんが，次のようなことをするとよいでしょう。

❶　パソコンに研究フォルダをつくる

　パソコンに研究フォルダをつくりましょう。日付と何の実践をしたかを年度順に保存しておくことをすすめます。

　私は，年度が替わるとUSBなどの記録媒体はすべて新しいものにするようにしています。そうすると，一年ごとに記録を残していくことができます。

　一方で，研究フォルダに実践した内容の指導案を入れておくと，数年後に実践を再びしたいと思ったときに参照することができます。研究フォルダでなくても，

　ノートに日付，メモを残して年代順に保存する

という方法もよいでしょう。

　また，研究授業でなくてもプレゼンテーションソフトなどに「5年漁業」というようなタイトルをつけて保存するなど，授業で使った写真やグラフなどを1つのフォルダにまとめておくとまた使いたいときに便利です。

❷ 実践記録にして投稿する

　私は初任時代から数年間，日本児童教育振興財団「わたしの教育記録」に応募してきました。また，所属する市で主催する同様のコンクールにも応募してきました。

　実践を書きまとめることは，時間がかかることです。しかし，実践を見つめ直すことができ，形として残ります。そして，間違いなく，実践力をつけることができます。

　社会科を校内研究で進めるところは，国語や算数ほど多くはありません。そのため，ぜひ，若い先生は社会科の実践を様々なところに応募して形に残しましょう。

❸ 学級通信で子どもたちや保護者にも

　研究授業のみならず，授業の様子を子どもたちや保護者の方にも伝えるのもよい方法です。学級通信に，授業の様子や子どもたちの発言，写真などを添えて伝えましょう。たとえば，「なぜ，鎌倉に幕府を開いたのか」と課題で使った文を通信のタイトルにして，授業の子どもたちの考えを書くだけでもよい記録になります。板書を写真にとって載せるのも学びがよくわかります。

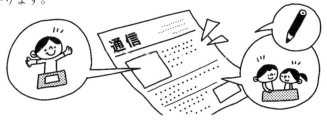

参考文献：佐藤正寿『思わず発行したくなる　学級通信のアイデア40』（フォーラムA）

（長瀬拓也）

第3章
アイデア満載！社会科授業づくりのアラカルト

　第3章は,社会科授業とっておきのアイデアを紹介します。
　社会科の得意な先生はそれぞれのネタやアイデアを実はたくさんもっています。
　「社会科って楽しい」
　「もっと学びたい」
と,子どもたちが言ってくれるようにするのは,内容の楽しさだけではなく,方法の楽しさもあると考えています。
　文部科学省はじめ,アクティブ・ラーニングの重要性が求められるようになりました。
　より子どもたちが能動的に前向きに学ぶにはどうすればよいかがこれからの大きな課題です。

　本章では,「授業で使える」をテーマに実践やネタを紹介しています。様々な学習方法を提案していますので,ぜひ,参考にしながら実践をしてみてください。

　そして,新しい実践をどんどん生み出していきましょう。

　子どもたちが楽しそうに学ぶ姿を見ると私たちも楽しい気持ちになることでしょう。

アクティブ・ラーニングの授業づくり

　これからの教育の柱になる学習法が**アクティブ・ラーニング**です。これは，そもそも大学などの高等教育において行われてきた講義型：受動的な学びではこれからの時代に生きる人を育てられないという反省から，授業の中で，論理的に考えたり，他者にわかりやすく発信したりする能力を育て，実社会で役立つ力，**「汎用的能力」**を高めることが出発点にありました。

　具体的な学習法としては，発見学習，問題解決学習，体験学習，調査学習，さらに教室内でのグループ・ディスカッション，ディベート，グループ・ワーク等が紹介されています。

　では，このアクティブ・ラーニングを小学校現場に落とし込むとどういう学び方だと考えればよいのでしょうか。日本の教育行政の舵取りの一翼を担う田村学氏は，その著者『授業を磨く』（東洋館出版社）で，

> 　子どもが自ら学び，共に学ぶ授業

とわかりやすくまとめています。
　実は，小学校教育でこれまで実践されてきた授業の中には，アクティブ・ラーニングの要素を含む学習が多数含まれていました。

第3章 アイデア満載！ 社会科授業づくりのアラカルト

社会科での活動を具体的にまとめておきましょう。

1 教師が中心の授業ではなく，見学や体験などフィールドワークを通して興味関心をもち，子ども主体となって取り組む能動的な学び。
2 協働的に学ぶ機会を多くもち，学び合いによって相互の意見交流がなされ，考えが練り上げられていく学び。
3 やりっぱなしではなく，1時間ごとの授業を振り返りながら，新たな疑問や自分が追究する課題を更新していく学び。

　以上のような学び方をし，対話力・発信力・問題解決力を高めようとしていました。
　こうした学習を，社会科の授業時間内だけで進めていくことが理想ですが，なかなかできるものではありません。子どもが主体となって，協働的に学ぶ授業を本当に実現しようとすると，学び合いのための準備がなされなくてはなりません。つまり，授業に臨むための家庭学習のあり方も考える必要があるのです。
　その意味で，自主的に学ぶ学習習慣（私はそれを「自学エンジン」と呼びます）を身につける必要があります。次項で紹介する「ハテナノート」の活用などはその一例になるでしょう。

(城　恵市)

ハテナノートで見る目を鍛える

　子どもたちが知的好奇心をもち，生き生きと学校生活を送り，教室内が一つの方向性を共有する――。

　社会科の授業において，身の回りの社会的事象に興味関心をもち，ハテナ感覚をもって社会を見る目を鍛えていくことは，授業を行う際に常に意識しておきたいことです。

　では，どのようにしてそのような学級文化をつくっていけばよいのでしょう。「自学エンジン」の形成という考え方とそれを実現する「ハテナノート」の活用を紹介します。

① 学びの快感　自学エンジン

　主体的な学び。これはアクティブ・ラーニングの考えを待たずとも，教育の現場では古くから理想とされた学習形態の一つです。受け取るだけの学びから，自らが主体となって，学びたいことを協働的に学ぶ。この命題に対するアプローチは様々考えられますが，その中で，私自身が実践の核にしているのが「学びの快感」からくる「自学エンジン」の形成です。これは，未知から既知への転換の心地よさを体験し，実践を通して学びが遊びを凌駕するしくみをつくろうとするものです。そして，それは「ハテナノート」の活用で可能になります。

❷ ？（ハテナ）のアンテナづくり＝ハテナノート

　知的好奇心をもち，主体的に学ぶ子どもたちをどのように育てていけばよいのか，先人たちの様々な実践から気づいた具体的な方法は，

　①良質な実践の追試で，知的で楽しい学び方を知る。
　②日ごろから不思議だなあと思う感覚を育てる。
の２つです。

　良質な実践については，有田氏を中心にこれまでの実践を多く学び，自分なりに追試する一方で，不思議だなあと思う感覚づくりを「？（ハテナ）アンテナを拡げる」手法で計画的に取り組んでいくと，子どもたちの学びは確実に向上してきます。そして，その効果的な方法がハテナノートの活用です。

　このノートは，教科用のノートとは違い，思考の訓練をするためのノートです。日記のように「不思議に思ったこと（びっくりしたこと・初めて知ったことなども可）」を綴るようにし，コメントを通してそのハテナを予想し，追究する方向性をさりげなく示していきます。同時に４月から実践の系統性を考え，易しいものから徐々に掘り下げた実践を計画します。そして大切なことは，面白いハテナをどんどん紹介し，ほめることです。これによって「学びの快感」を味わう体験をし，学級文化が知的好奇心をもつ方向に育っていくのです。

　※詳細は，『同志社時報』125号「私の研究」に掲載していますのでHPをご参照ください。

（城　恵市）

授業のユニバーサルデザインを取り入れる

「特別な支援が必要な子を含めて,通常学級の全員の子が,楽しく学び合い『わかる・できる』ことを目指す授業デザイン」(日本授業UD学会ホームページより)……ここでは,この定義に基づいて授業のユニバーサルデザインについて紹介します。

どの学級でも支援を必要とする子どもたちがいると思います。その子たちへ工夫した対応をすることが,実は学級の他の子どもたちへも役立つものになる場合があります。

たとえば,6年生で歴史の絵図の読み取りが苦手な子がいたとします。絵図には多くの情報が入っているのですが,それが逆にその子にとって「読み取りにくさ」を助長していました。友達の発表を聞いても,絵のどこのことを話しているのかわからなかったのです。

そこで,「武士の館」の学習では,教科書の絵を黒板に貼ったスクリーンにプロジェクターで拡大投影をしました。そして,「馬に乗って芸を磨いている」という場合にはその部分を丸で囲み印をつけました。確かに,これなら,どこのことかすぐにわかります。

このような「拡大投影」と「印をつける」という**視覚化**の手立ては,その子のためのものでしたが,実は他の子たちにとってもわかりやすいものになり,情報の**共有化**が図られたのです。

第3章 アイデア満載！ 社会科授業づくりのアラカルト

　グラフも一部の子にとっては実に複雑なものです。

　たとえば，5年生の「漁業別の生産量の変化」で沖合漁業・遠洋漁業・沿岸漁業・養殖業の4種類の折れ線グラフが掲載されています。4つの違いを見分けるためにグラフが色分けされ，線も種類を変えています。

　それでも「4種類のグラフが複雑に入り組んで見えてしまう」という子はいます。そういう子のためには，たとえば「沖合漁業のグラフのみ提示」「遠洋漁業のグラフのみ提示」というように，**簡素化**した提示が効果的です。もちろん，他の子にとってもスモールステップでグラフを理解する手立てになります。

　かつては，そのような提示をするためには，グラフを自作しなければいけませんでしたが，今はデジタル教科書の機能の一部として容易に提示できます。

　また，グラフや絵図の一部を隠して考えさせる方法も，支援が必要な子の学習を**焦点化**させることにつながります。

　ただ，留意しなければいけないのは「拡大投影したからユニバーサルデザイン」と短絡的に結びつけないことです。それはむしろ学級全体にとって効果的な手立てであって，支援が必要な子に合っているとは限らないのです。その子のニーズに応じて手立てを考えていくという地道な作業の中に答えはあるのです。

（佐藤正寿）

単元のまとめは新聞づくりで

　新聞づくりは単元のまとめで効果的な学習の一つです。私が「新聞づくり」を指導するときは，下の５点を新聞に盛り込ませるようにしています。１人で書くときも，グループで書くときも基本はこの形を取り入れています。

　A　タイトル　　B　大見出し　　C　小見出し
　D　４コママンガ　　E　まとめ

A　タイトル

　シンプルなものでもいいですし，最後に書かせてもいいでしょう。最後に書かせるときは，書いてみて印象に残ったことをタイトルにしてもいいです。

B　大見出し

　いわゆる一面記事はタイトルのあとに大きく書かせます。ここでは，この単元の学習をして，最も伝えたいこと，印象に残ったことを書きます。少なくとも，紙面の３分の１は，大見出しの記事で使ってもいいでしょう。

C　小見出し

　２～３つ程度書かせます。大見出しの記事１つと小見出しの記事２～３つが同じ分量だとバランスがいいと思います。

第3章 アイデア満載！ 社会科授業づくりのアラカルト

D 4コママンガ

必ず入れなければいけないというわけではありませんが新聞づくりをする際に，ユーモアがあってもよいでしょう。子どもが描いた4コママンガを見ていると，「こんなふうに思っていたのか」と思うときがあります。文で表す記事とは，また違った子どもたちの一面が見られるかもしれません。

E まとめ

わかったことや，考えたことなどを書きます。箇条書きでも文でもいいでしょう。ただし，できるだけシンプルなものにします。

下の新聞は，3年生の農業生産の単元の終末に書いたものです。

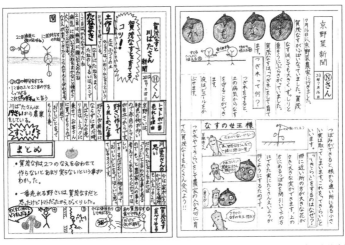

（山崎諒介）

レポート作成は繰り返しを重ねて

　「レポート」と聞いて、どのようなイメージをもつでしょうか。子どもたち一人ひとりが学習内容に関わって課題をもち、自ら資料を集めて分析し、それをもとに報告し自分の考えも記す……このようなレポートは、「すべてを社会科の授業時間で」と考えた場合、難しいと思われます。多くの時間を割くことになり、できたとしても年に1～2回でしょう。

　むしろ、**学習内容をもとにした「単元のまとめ」や「見学のまとめ」としてのレポートの方が現実的**です。授業と連動させることで、1時間～2時間で作ることが可能です。その例を紹介します。4年生の「災害からまちをまもるために」の例です。

　まずは、子どもたちに、「単元のまとめでレポートを作ります。そのために1時間ごとの『まとめ』を自分の力でノートに数行ずつ書くようにしましょう」とあらかじめ伝えておきます。

　授業で学習をもとにしたまとめを積み重ねて、レポートのもとにする方法です。

　たとえば4年生の「学校の消防設備を調べよう」の学習では、次のようなまとめになります。

　　学校の消防せつびには火事から守るために、多くのものがある。たとえば、消火器や消火せんやけむり探知きであ

> る。これらはどの階でも同じようなところにある。また，職員室には自動火災報知せつびもあり，火事があったときにすぐにわかるようになっている。

　このようなまとめのためには，書き方の指導が必要です。この場合には「課題に対する結論＋具体的な例示」という書き方です。また，書くための一定時間の保障も必要です。そして，これがレポートの部分指導にもなります。

　これらのまとめが何回か重なれば，単元のレポートは取り組みやすくなります。

　まずは，レポート作成前に基本的な全体構成や書き方を提示します。一般的には「はじめ・なか・おわり」の３部構成にすると書きやすいです。

> 「はじめ」…「学校の消防せつびを調べて，わかったことは次の４点です。」というように，決まった文章を共通で書く。
> 「なか」…先に示した授業のまとめの内容を「一つ目は」「二つ目は」というようにナンバリングをして書く。一部変えて構わない。
> 「おわり」…調べて自分が考えたことを書く。

　このような形であれば，レポート作りも単元のまとめの１～２時間で書くことが可能です。

（佐藤正寿）

劇&ロールプレイで学びを深める

　劇やロールプレイは子どもたちにとって楽しい表現活動です。いくつかのポイントがあります。

○学習した内容がセリフとして表現されていること。
○劇の時間・グループ人数を設定すること。
○あらかじめセリフをノートに書かせ，それに即興で演技を加えること。
○活動させっぱなしではなく振り返りをすること。

　1時間の授業の中で10～15分程度の活動と位置づけて行う場合もあれば，単元のまとめとして準備に2時間，発表にも1時間をかける場合もあります。

　たとえば，10～15分程度の例として明治時代の自由民権運動の学習で「演説の中止を求める警察官」の絵をもとにした劇化を行うとします。

　「学習したことをもとにして，この絵にあった劇をつくってみましょう。弁士，警察，民衆のそれぞれのセリフを考えて1分程度の劇にします」というように，最初に大枠を指示します。1時間の授業の限られた時間で行うのであれば，このような条件設定が必要です。

　セリフはノートに書かせます。次のようなものができるでしょう。

第3章　アイデア満載！　社会科授業づくりのアラカルト

> 弁士「今の日本では国会を開き，人々の考えに基づいた政治が必要なのである！」
> 民衆「そうだ！　そうだ！（拍手）」
> 警察「お前何をしている！　すぐに演説をやめなさい！」
> 民衆「警察に負けるな！　私たちも政治に参加したい！」

　これらは骨格となる部分であり，あとはアドリブや演技を加えるようにさせます。一度は劇を通して行わせ，時間が限られている場合には代表グループのみが全体の場で発表する形で構いません。

　単元のまとめとして時間をかけて行う場合でも，基本構造は同じです。この場合には，すべてのグループが発表となります。

　ロールプレイは「役割演技」といわれます。こちらは，実際に社会で起こり得る場面で与えられた役を演じるという点が特色です。火事の際での消防署・警察・ガス会社等の行動を演じたり，ある場所を巡って「開発か環境保護か」というそれぞれの立場で意見を表現したりということが考えられます。

　劇やロールプレイのどちらでも大切なのが，**振り返り**です。演じっぱなしではなく，先の自由民権運動であれば「人々はなぜそこまで国会要求を求めたのでしょうか」と発問したり，「他の人の考えから学んだことは何ですか」と考えさせたりすることで，学習が深まります。

（佐藤正寿）

ディベート学習のよさを実感させる仕掛けづくり

　ディベートとは,あるテーマについて異なる立場に分かれて討論をすることです。

　一般的に授業における「話し合い」は,自分の価値観で肯定できるものを,自分の支持できる立場として論じます。意見表示のしかたも制約は少なく,自分の話しやすいスタイルで述べることができます。

　それに対してディベートでは,自分の価値観とは関係なく,論題(討論のテーマ)について肯定の立場と反対の立場に分かれます。また,立論・質問・最終弁論というように一定の流れに基づいて行い,勝ち負けの判定がくだされます。

　いくつもの制約もあり,準備にも時間が必要なディベートですが,それゆえに次のような力も身につきます。

・一つの立場だけではなく,違う立場についても考える複眼的思考が身につく。
・限られた時間で自分の主張をわかりやすく話す力がつく。
・相手の話を考えながら聞く力がつく。

　ディベートを社会科で行う場合には,5・6年生の高学年が適しています。社会的な論題が設定しやすいこと,論理的な思考力が高まってくる段階であることがその理由です。

　ただし,3・4年生でもディベートの基礎となる発表や質問

を一定の形式で行うことは大切です。また、簡単な形式でディベートしてみることが高学年につながってきます。

実際のディベートの学習では、まずは先のディベートと話し合いの違い、ディベートを学習するよさを子どもたちに理解させましょう。

論題は学習内容に基づいたものを教師が決めます。たとえば、次のようなものが考えられます。

○日本の自動車工場は、海外生産をもっと増やすべきである。
○家庭からのごみ収集は有料化すべきである。
○鎖国は日本にとって必要な政策だった。

これらを、たとえば、①「肯定側立論」→②「反対側質問」→③「反対側立論」→④「肯定側質問」→⑤「各チーム話し合い」→⑥「反対側最終弁論」→⑦「肯定側最終弁論」の流れで行います。終わったあとの判定はきちんととります。

勝負が決まったあと、最初のめあてにそった振り返りを行います。この時間を十分に確保することで、ディベート学習のよさを実感できます。

(佐藤正寿)

明確な目的に基づいて行う クイズ&ゲーム

ときどき，授業にクイズやゲームを導入します。「イエーイ！」「簡単！」というように，子どもたちは興味を示したり，集中したりします。

ただ，「子どもたちが授業に飽きないようにクイズで変化を」というのであれば，長続きしません。**「クイズやゲームの目的を明確」**にするという点を意識して，1時間の授業に活動を位置づけましょう。

❶ 知識定着クイズ・ゲーム

クイズやゲームで一番多いのが知識を定着させようとするものです。

たとえば，知識として定着させたい本時の学習内容をクイズで示すものです。このようなときには，クイズの形式を考える必要があります。

- ○×クイズ
- 二者択一，三者択一クイズ
- 穴埋めクイズ
- 一問一答クイズ

このようにクイズに合った内容を選びます。たとえば二者択一の例なら次のとおりです。

○300人未満の中小工場と，働く人の数が300人以上の大工場，日本に多いのはどちらでしょう？

(答え：中小工場　99％)

このクイズは様々な活用ができます。たとえば，導入で展開するのであれば，自分が選んだ答えの理由も話し合わせることで，興味を高めることができます。大工場を選んだ子どもは「99％」という事実に驚くことでしょう。

　また，発展として「では，働いている人が多いのは？」「生産額が多いのは？」というように連続したクイズにすることもできます。

　もちろん，授業の最後に位置づけて知識の確認としての提示も可能です。いずれの展開でも，クイズを通じて知識の定着が図られることになります。

　学習内容によってクイズの形式は規定されますが，**学習ゲームは方法を知っておけばどのような学習でも応用が可能**です。たとえば「歴史人物スリー質問ゲーム」（子どもが３つまで教師に質問し答えを当てる）なら，「都道府県スリー質問ゲーム」「世界遺産スリー質問ゲーム」というように応用できます。

❷ 追究型ゲーム

　教師が教材研究をして，子どもたちに追究させたいことをクイズ化することもできます。

　この場合には，教師のクイズから答えが分裂しそうな３つの選択肢を準備しておきます。自分が選んだ根拠を話し合わせることで「話し合いの組織化」が可能となります。追究心が高まったあとで，すぐに答えを言わずに「では，資料集で探してみよう」と働きかけることで，さらに深い追究ができます。

（佐藤正寿）

授業を活性化させる教科係

授業を活性化させる方法として，

教科係

を決めるというのがあります。

教科の係は中学校ではよくあります。それは，教科担任制であり，授業連絡や指示を各教室に伝える役目があるからです。

また，奈良女子大学附属小学校のように，子どもたちが中心となって進める教科係もあります。主体的に子どもによる授業をする進行役や司会者として教科係が存在しています。

子どもたちは，授業中に司会や進行をするのが好きです。話し合いの中心になれるので，教科係を決めるとき，

「この教科は司会ができるよね」

と小さな声でささやきあっているのを聞いたことがあります。

どんな授業にしていくかによって役割は大きく異なりますが，次のような社会科の教科係が考えられます。

① 数分前からミニ先生

2分ぐらい前から，教室の前に立ち，前時の授業の復習をします。たとえば，前時に学習した内容について，教科書やノートを見ながら係がクイズにして，挙手をした子を当てて答えさせるなどです。黒板に書いてもよいでしょう。チャイムが鳴る少し前から始めることで，授業の開始がスムーズになります。

係の工夫も出てくると2分前でも面白い学習になります。

❷ 学習の前にめあてを決めて

学習を始める前に、学習のめあてを決めて発表します。これは、学習内容の課題ではなく、「目を見て話を聞こう」というようにこの時間でがんばりたいめあてです。学習の終わりには、そのめあてが守れたか確認をします。振り返りを何度もすることで、学習規律が身についてきます。

❸ 授業中に司会をする

授業中に司会をして、挙手した人を当てたり、学習の姿勢がよい人をメモしたりする活動をしたこともあります。

たとえば、「なぜ、A地区ではトマトづくりが盛んなのだろうか」という授業での話し合いを先生による指名や指示はせず、学級会でしているように、係に進行を委ねます。ただし、話の流れや授業の方向性が見えなくなる場合は、

「ここぞ！　というときは先生があてるね」

と話をしておくことで、すべてを子どもたちに任せないこともできます。

他にも
社会科教科新聞の作成
社会科係主催の社会科授業で学んだことを生かしたお楽しみ会
を考えさせたりしても面白いでしょう。大切なことは、

 社会科を大好きにさせる教科係

にするということです。

(長瀬拓也)

事前・事後指導の徹底でゲストティーチャーを生かす

　ゲストティーチャー（以下，GT）を授業に招くことは，次のようなメリットがあります。

> ○特定分野の専門家から学ぶことができる。
> ○GTから，学校外の現実の社会を知ることができる。
> ○日常の授業と違った新鮮さがある。
> ○質問力といった子どもたちのスキルを伸ばすことができる。

　ただし，このようなメリットはあくまでも教師のコーディネートがあってこそ生まれるものです。GTを授業に招いただけではできません。逆に，GTに授業の全部を丸投げして，講義調の難しい話になってしまったということもときどき聞く話です。
　教師のコーディネートには事前・事中・事後の3段階があります。
　まずは事前の打ち合わせです。

・GTを授業に招くねらい
・子どもたちの実態
・GTの役割と実際に関わる時間
・GTへの事務的な連絡（来校時刻・場所等）

これらについて文書化し、さらに説明をします。その中で、「ぜひGTに教室に来ていただきたい」という熱意が伝わるようにします。

　子どもたちへの事前の指導も重要です。「GTから聞きたい！」という授業の仕掛けをすることで、子どもたちの「学びたい」という意欲も違ってきます。その意欲はGTにも当然伝わってきます。

　事中である実際の授業でおすすめなのは、質問の時間を多くとることです。「終わりの5分間」程度ではありません。「説明20分＋質問20分」はとりましょう。

　多くの質問時間があるということは、子どもたちの事前学習や当日の聞き方も変わってきます。学びが深まるような価値のある質問ができるように、子どもたちを鍛えましょう。

　かつて、5年生で森林の学習でGTを招いたときに、「木を育てる一番の喜びは何ですか」とある子が質問をしました。50代のGTは、「自分が若いころ植えた木が大きく育つことに素直に感動した。それは私の自慢」と話してくださいました。子どもたちはそのGTから、森林に携わる仕事への誇りを感じたのです。

　また、教師がGTと対話をする形式も授業のねらいを引き出す点では有効です。

　事後には、お礼の手紙を書かせましょう。これは子どもたちに学びを振り返らせることも兼ねています。お礼の手紙はGTにとって「学校に行ってよかった」と感じていただく場です。次年度の同学年のGTを続けていただくためにも不可欠なのです。

（佐藤正寿）

ICT・タブレットはねらいに応じて効果的な活用を

　教室に電子黒板が設置されたり，タブレット PC を授業に取り入れたり等，急速に教育の ICT 化が進んでいます。デジタル世代といわれている現代の子どもたちにとって，ICT が教育に効果的に活用されることは望ましいことです。

　社会科の授業にとって電子黒板の普及は画期的です。これまでは，子どもたちに見せたい資料は，教科書や資料集を開いて見せてきました。ただ，これだと全体で情報を共有することに弱さがありました。それを解消するために資料を拡大コピーして掲示する方法があります。しかし，これには手間がかかりますし，その教材の保存にも一苦労します。電子黒板があると，これらの問題の大部分は解消できます。
　電子情報ボードのよいところは，
資料を大きく前に映し，課題を共通なものにしやすい
という点です。資料を黒板に映し出し，子どもたちが読み取ったこと，考えたことなどを資料の近くに書き出すことで，よりその効果は増すでしょう。さらには，資料をパワーポイントにまとめ，連続で出すことができたり，個人のパソコンに保存したりもしやすくなります。
　近年，個人タブレットを授業で活用する学校も増えてきました。グループ学習での話し合いのツールとして活用したり，学習内容のまとめの際に使用したりもできます。その他に私が実

第3章　アイデア満載！　社会科授業づくりのアラカルト

践した例は，学習支援ツールをインストールし，提示資料を個人のタブレット上に配布するという方法です。この方法のよいところは，

資料を拡大したり縮小したりして見ることができる

ことです。

　またカラーでの資料提示も簡単です。教科書や資料集にない資料を子どもたち個人に見せたいとき，小さくコピーして配布する方法があります。しかし，それでは資料が小さくて見づらいことがよくあります。見やすいようにカラーコピーをすることは，予算の関係で現実的ではありません。このような課題を，個人タブレットと教育支援ツールを利用すれば解消できます。

（山崎諒介）

おわりに

　私は社会科が小学校のころから好きでした。きっかけは，4年生のときに取り組んだ一つの活動です。
　当時秋田県の小学生だった私は，担任の秋山先生の「誰か模造紙に秋田県の市町村の地図を描く人はいないかな？」という働きかけに，友達と一緒に手を挙げたのです。
　数日間，放課後に教室に残って友達と一緒に作業をしました。秋田県の輪郭を模造紙全体に大きく描き，各市町村を区切って市町村名を書いていきました。秋田市のように行ったことのある地名はなじみがありましたが，「横手市はここにあるんだ」と，描いてみて位置がわかった未知の地もありました。
　その模造紙は「秋田県の市町村地図」という掲示物としてずっと社会科の学習で使われました。自分たちで作ったということもあり，私自身「県の学習」に興味を示し，一気に社会科が好きになったのです。

　「社会科の授業をどのようにしたらよいかわからない」「教科書を説明してばかりで，子どもたちが社会科嫌いになっている」……そのような若い先生方の声を耳にすることがあります。
　「1枚の模造紙に県の市町村の地図を描く」という一つの活動が私を社会科好きにしました。本書には，このような「シンプルで効果のある社会科指導法・研究法」が凝縮されています。授業開きや一単位時間での授業の進め方はもちろん，日々の授

業を支える「発問」「ノート指導」「板書」「教材研究」,そして「アクティブ・ラーニング」「ICT」といった内容も盛り込んでいます。

　しかも,読みやすい形で書かれています。興味をもった部分を日々の授業で気軽に取り組んでみてください。きっと社会科の楽しさ,面白さに触れることができると思います。

　最後になりましたが,巻頭言をお寄せくださった吉水裕也先生,本書の制作全般をリードしてくださった長瀬拓也先生,共に執筆してくださった城恵市先生,山崎諒介先生,中條佳記先生に感謝いたします。また,何度も適切なアドバイスをいただいた編集担当の林知里さん,校正をくださった長瀬千裕先生,イラストレーターのイクタケマコトさんにも感謝いたします。

　皆さんと共に作ったこの本が社会科好きの子どもたちを増やすきっかけになることを願っています。

佐藤正寿

参考文献

有田和正「面白い教材を提示し,『はてな?』を発見させる」『授業研究21』2003年6月号,558号,p.12(明治図書)

有田和正『ノート指導の技術』(明治図書)

有田和正『名著復刻 教材発掘の基礎技術』(明治図書)

有田和正著/教材・授業開発研究所編著『今こそ社会科の学力をつける授業を──有田式授業づくりに学ぶ』(さくら社)

岩田一彦『社会科授業研究の理論』(明治図書)

岡﨑誠司「発問は社会的見方・考え方を成長させる」『社会科教育』2015年7月号,675号,p.6(明治図書)

河原和之『スペシャリスト直伝! 中学校社会科授業成功の極意』(明治図書)

佐藤正寿『思わず発行したくなる 学級通信のアイデア40』(フォーラムA)

佐藤正寿『これだけははずせない! 小学校社会科単元別「キー発問」アイディア』(明治図書)

佐藤正寿『スペシャリスト直伝! 社会科授業成功の極意』(明治図書)

澤井陽介『澤井陽介の社会科の授業デザイン』(東洋館出版社)

谷和樹プロデュース『向山型スキル・社会科の授業パーツ100選』(明治図書)

田村学『授業を磨く』(東洋館出版社)

田山修三『若い教師を育てる五円玉の授業』(小学館)

長瀬拓也『ゼロから学べる学級経営』(明治図書)

長瀬拓也『ゼロから学べる授業づくり』(明治図書)
長瀬拓也『増補 誰でもうまくいく！普段の楽しい社会科授業のつくり方』(黎明書房)
村田辰明『社会科授業のユニバーサルデザイン』(東洋館出版社)
柳沼孝一『小学校社会の授業づくり はじめの一歩』(明治図書)
柳沼孝一『授業の工夫がひと目でわかる！ 小学校社会科板書モデル60』(明治図書)

【監修者・執筆者一覧】
〈監修者〉

吉水　裕也

1962年大阪府生まれ。兵庫教育大学大学院教授。博士（学校教育学）。中高教員等を経て現職。専門は社会科教育学，地理教育論。主な論文は「問題発見能力を育成する中学校社会科地理授業の設計—単元「日本の工業立地」の開発—」（『社会科研究』57），「地理的スケールの概念を用いたマルチ・スケール地理授業の開発—中学校社会科地理的分野「身近な地域の調査『高知市春野地区』」を題材に—」（『新地理』59-1），「防災ガバナンスのアクター育成としての地理歴史科地理コミュニティ問題学習」（『社会系教科教育学研究』25）等。

〈執筆者〉

佐藤　正寿

1962年秋田県生まれ。1985年から岩手県公立小学校に勤務。岩手県奥州市立常盤小学校副校長。「地域と日本のよさを伝える授業」をメインテーマに，社会科を中心とした教材開発・授業づくりに取り組んでいる。主な著書は『スペシャリスト直伝！社会科授業成功の極意』『これだけははずせない！　小学校社会科単元別「キー発問」アイディア』（以上，明治図書）等。

長瀬　拓也

1981年岐阜県生まれ。横浜市立小学校教諭，岐阜県公立小，中学校教諭を務め，現在同志社小学校教諭。高校生のとき，社会科中学校教員だった父親が白血病で他界し，教職の世界へ。主権者意識を育てる社会科授業に関心がある。主な著書に『ゼロから学べる学級経営—若い教師のためのクラスづくり入門』（明治図書），『増補　誰でもうまくいく！普段の楽しい社会科授業のつくり方』（黎明書房），『THEこども理解』（明治図書，編著）などがある。

城　恵市

1961年和歌山県生まれ。奈良教育大学大学院修了後，一般企業などを経て，1990年から奈良県公立小学校に勤務。2003年〜2006年まで文部科学省より上海日本人学校に派遣される。帰国後，同志社小学校に移り，現在は，同志社小学校教頭。主な著書は『チョークで描いた世界地図　第２集』（星雲社共著）。主な論文は「自主学習の力をどう育てるか〜ハテナ（？）の感覚を磨く〜」（『同志社時報』125号）「わたしが見た―これぞプロの授業―」（『教材開発』明治図書）等。

中條　佳記

1977年奈良県生まれ。奈良県公立小学校勤務。お笑い教師同盟，奈良初等教育の会に所属。2010年 Mini-1（模擬授業対決）全国大会（授業づくりNW主催）京都大会にて優勝。2011年横浜で行われたJUT（授業力アップトーナメント）全国大会にて優勝。〈単著〉『CD-ROM付き　授業や学級経営に活かせるフラッシュカードの作り方・使い方』『子どもの実感を引き出す授業の鉄板ネタ54』〈共著〉『コピーして使える授業を盛り上げる教科別ワークシート集　中学年』（以上，黎明書房）その他にも「THE　教師力」シリーズ（明治図書）にも執筆多数。

山崎　諒介

1986年大阪府生まれ。大阪教育大学卒業後，2009年から立命館小学校教諭として勤務。主な執筆として「小学５年における授業デザイン　授業冒頭５分の使い方で基礎学力を高める」『社会科教育』2015年11月号，「絵本や新聞を活用した授業づくり」『新社会科授業づくりハンドブック　小学校編』（明治図書）などがある。

【監修者】

吉水　裕也

【編著者】

佐藤　正寿・長瀬　拓也

【イラスト】 イクタケマコト

1976年福岡県宮若市生まれ。教師生活を経て、2006年からイラストレーターとして活動。教師経験を活かし、教科書や教育書などのイラストを多く手掛ける。著書に『カンタンかわいい小学校テンプレート＆イラスト』(学陽書房)、『中学・高校イラストカット集1200』(学事出版)、主夫の日々を描いた『主夫3年生』(彩図社) ほか。

ゼロから学べる小学校社会科授業づくり

2016年4月初版第1刷刊　Ⓒ編著者　佐藤正寿・長瀬拓也
　　　　　　　　　　　発行者　藤　原　光　政
　　　　　　　　　　　発行所　明治図書出版株式会社
　　　　　　　　　　　　　　　http://www.meijitosho.co.jp
　　　　　　　　　　　(企画)林　知里(校正)清水　聰
　　　　　　　　　　　〒114-0023　東京都北区滝野川7-46-1
　　　　　　　　　　　振替00160-5-151318　電話03(5907)6703
　　　　　　　　　　　ご注文窓口　電話03(5907)6668
＊検印省略　　　　　　組版所　株式会社アイデスク
本書の無断コピーは、著作権・出版権にふれます。ご注意ください。

Printed in Japan　　　　　　ISBN978-4-18-222111-8
もれなくクーポンがもらえる！読者アンケートはこちらから→